PRIX : 3 FRANCS

ERCKMANN-CHATRIAN

LE
BLOCUS

— Épisode de la fin de l'Empire —

PARIS

COLLECTION HETZEL ET LACROIX

LIBRAIRIE INTERNATIONALE

15, BOULEVARD MONTMARTRE

J. HETZEL, ÉDITEUR, 18, RUE JACOB

LE BLOCUS

PARIS. — IMP. L. POUPART-DAVYL, 30, RUE DU BAC.

ERCKMANN-CHATRIAN

LE BLOCUS

— ÉPISODE DE LA FIN DE L'EMPIRE —

PARIS
COLLECTION HETZEL ET LACROIX
LIBRAIRIE INTERNATIONALE
15, BOULEVARD MONTMARTRE
J. HETZEL, ÉDITEUR, 18, RUE JACOB

LE BLOCUS

I

Puisque tu veux connaître le blocus de Phalsbourg en 1814, me dit le père Moïse, de la rue des Juifs, je vais tout te raconter en détail.

Je demeurais alors dans la petite maison qui fait le coin à droite de la halle; j'avais mon commerce de fer à la livre, en bas sous la voûte, et je restais au-dessus avec ma femme Sorlé (1) et mon petit Sâfel, l'enfant de ma vieillesse.

Mes deux autres garçons, Itzig et Frômel, étaient déjà partis pour l'Amérique, et ma fille Zeffen était mariée avec Baruch, le marchand de cuir, à Saverne.

(1) Sara.

Outre mon commerce de fer, je trafiquais aussi de vieux souliers, de vieux linge, et de tous ces vieux habits que les conscrits vendent en arrivant à leur dépôt, lorsqu'ils reçoivent des effets militaires. Les marchands ambulants me rachetaient les vieilles chemises pour en faire du papier, et le reste je le vendais aux paysans.

Ce commerce allait très-bien, parce que des milliers de conscrits passaient à Phalsbourg de semaine en semaine, et de mois en mois. On les toisait tout de suite à la mairie, on les habillait, et puis on les faisait filer sur Mayence, sur Strasbourg ou bien ailleurs.

Cela dura longtemps; mais vers la fin on était las de la guerre, surtout après la campagne de Russie et le grand recrutement de 1813.

Tu penses bien, Fritz, que je n'avais pas attendu si longtemps pour mettre mes deux garçons hors de la griffe des recruteurs. C'étaient deux enfants qui ne manquaient pas de bon sens; à douze ans leurs idées étaient déjà très-claires, et, plutôt que d'aller se battre pour le roi de Prusse, ils se seraient sauvés jusqu'au bout du monde.

Le soir, quand nous étions réunis à souper autour de la lampe à sept becs, leur mère disait quelquefois en se couvrant la figure :

« Mes pauvres enfants!... mes pauvres enfants!... Quand je pense que l'âge approche où vous irez au milieu des coups de fusil et des coups de baïonnette, parmi les éclairs et les tonnerres!... Ah! mon Dieu!... quel malheur!... »

Et je voyais qu'ils devenaient tout pâles. Je riais en moi-même... Je pensais :

« Vous n'êtes pas des imbéciles... Vous tenez à votre vie... C'est bien!... »

Si j'avais eu des enfants capables de se faire soldats, j'en serais mort de chagrin; je me serais dit :

« Ceux-ci ne sont pas de ma race!... »

Mais ces enfants grandissaient en force, en beauté. A quinze ans, Itzig faisait déjà de bonnes affaires; il achetait du bétail pour son compte dans les villages, et le revendait au boucher Borich, de Mittelbronn, avec bénéfice; et Frômel ne restait pas en arrière, c'est lui qui savait le mieux revendre la vieille marchandise que nous avions entassée dans trois baraques, sous la halle.

J'aurais bien voulu conserver ces garçons près de moi. C'était mon bonheur de les voir avec mon petit Sâfel, — la tête crépue et les yeux vifs comme un véritable écureuil, — oui, c'était ma joie! Souvent je les serrais dans mes bras sans rien dire, et même ils s'en étonnaient, je leur faisais peur; mais des idées terribles me passaient par l'esprit, après 1812. Je savais qu'en revenant à Paris, l'Empereur demandait chaque fois quatre cents millions et deux ou trois cent mille hommes, et je me disais :

« Cette fois, il faudra que tout marche... jusqu'aux enfants de dix-sept et dix-huit ans ! »

Comme les nouvelles devenaient toujours plus mauvaises, un soir je leur dis :

« Écoutez !... vous savez tous les deux le commerce, et ce que vous ne savez pas encore, vous l'apprendrez. Maintenant, si vous voulez attendre quelques mois, vous tirerez à la conscription, et vous perdrez comme tous les autres ; on vous mènera sur la place, on vous montrera la manière de charger un fusil, et puis vous partirez, et je n'aurai plus de vos nouvelles ! »

Sorlé sanglotait, et tous ensemble nous sanglotions. Ensuite, au bout d'un instant, je continuai :

« Mais si vous partez tout de suite pour l'Amérique, en prenant le chemin du Havre, vous arriverez là-bas sains et saufs ; vous ferez le commerce comme ici, vous gagnerez de l'argent, vous vous marierez, vous multiplierez, selon la promesse de l'Éternel, et vous m'enverrez aussi de l'argent, selon le commandement de Dieu : — Honore ton père et ta mère ! — Je vous bénirai comme Isaac a béni Jacob, et vous aurez une longue vie... Choisissez !... »

Ils choisirent tout de suite d'aller en Amérique, et moi-même je les conduisis jusqu'à Sarrebourg. Chacun d'eux avait déjà gagné pour son compte vingt louis, je n'eus besoin que de leur donner ma bénédiction.

Et ce que je leur ai dit est arrivé : tous les deux vivent encore, ils ont des enfants en nombre, qui sont ma postérité, et quand j'ai besoin de quelque chose ils me l'envoient.

Itzig et Frômel étaient donc partis, il ne me restait que Sâfel, mon Benjamin, le dernier, qu'on aime encore plus que les autres, si c'est possible. Et puis j'avais ma fille Zeffen, mariée à Saverne avec un brave et honnête homme, Baruch; c'était l'aînée, elle m'avait déjà donné un petit-fils nommé David, selon la volonté de l'Éternel, qui veut qu'on remplace les morts dans les mêmes familles : David était le nom du grand-père de Baruch. — Celui qu'on attendait devait s'appeler comme mon père : Esdras.

Voilà, Fritz, dans quelle position j'étais avant le blocus de Phalsbourg, en 1814. Tout avait été bien jusqu'alors, mais, depuis six semaines, tout allait très-mal en ville et dans le pays. Nous avions le typhus, des milliers de blessés encombraient les maisons; et, comme les bras manquaient à la terre depuis deux ans, tout était cher : le pain, la viande et les boissons. Ceux d'Alsace et de Lorraine ne venaient plus au marché, les marchandises en magasin ne se vendaient plus; et quand une marchandise ne se vend plus, elle vaut autant que du sable ou de la pierre : on vit dans la misère au milieu de l'abondance, la famine arrive de tous les côtés.

Eh bien! malgré tout, l'Éternel me réservait encore une grande satisfaction, car en ce temps, au commencement de novembre, la nouvelle m'arriva qu'un second fils venait de naître à Zeffen, et qu'il était plein de santé. Ma joie en fut si grande, que je partis tout de suite pour Saverne.

Il faut savoir, Fritz, que si ma joie était grande, cela ne venait pas seulement de la naissance d'un petit-fils, mais de ce que mon gendre ne serait pas forcé de partir, si l'enfant vivait. Baruch avait toujours eu du bonheur jusqu'alors : dans le moment où l'Empereur avait fait voter par son Sénat que les hommes non mariés seraient forcés de partir, il venait de se marier avec Zeffen; et quand le Sénat avait voté que les hommes mariés, sans enfants, partiraient, il avait déjà son premier enfant. Maintenant, d'après les mauvaises nouvelles, on allait voter que les pères de famille qui n'auraient qu'un enfant partiraient tout de même, et Baruch en avait deux.

Dans ce temps, c'était un bonheur d'avoir des

quantités d'enfants, qui vous empêchaient d'être massacré; on ne pouvait rien désirer de mieux! Voilà pourquoi j'avais pris tout de suite mon bâton, pour aller reconnaître si l'enfant était solide, et s'il sauverait son père.

Mais bien des années encore, si Dieu prolonge ma vie, je me rappellerai ce jour et ce que je rencontrai sur ma route.

Figure-toi que la côte était tellement encombrée de charrettes pleines de blessés et de malades, qu'elles ne formaient qu'une seule file, depuis les Quatre-Vents jusqu'à Saverne. Les paysans, mis en réquisition en Alsace pour conduire ces malheureux, avaient dételé leurs chevaux et s'étaient sauvés pendant la nuit, abandonnant leurs voitures; le givre avait passé dessus: rien ne remuait plus, tout était mort, on aurait dit un long cimetière! Des milliers de corbeaux couvraient le ciel comme un nuage, on ne voyait que des ailes remuer dans l'air, et l'on n'entendait qu'un seul bourdonnement de cris innombrables. Jamais je n'aurais cru que le ciel et la terre pouvaient produire tant de corbeaux. Ils descendaient jusque sur les charrettes; mais à mesure qu'un homme vivant s'approchait, tous ces êtres se levaient et s'envolaient, soit sur la forêt de la Bonne-Fontaine, soit sur les ruines du vieux couvent de Dann.

Moi, j'allongeais le pas au bord de la route, je sentais qu'il ne fallait pas attendre, que le typhus marchait sur mes talons.

Heureusement les premiers froids de l'hiver arrivent vite à Phalsbourg. Il soufflait un vent frais du Schnéeberg, et les grands courants d'air de la montagne chassent toutes ces mauvaises maladies, même, à ce qu'on raconte, la vraie peste noire.

Ce que je te dis là, c'est la retraite de Leipzig, dans les commencements de novembre.

Comme j'arrivais à Saverne, la ville était encombrée de troupes, artillerie, infanterie et cavalerie, pêle-mêle.

Je me souviens que, dans la grande rue, les fenêtres d'une auberge étaient ouvertes, et qu'on voyait une longue table avec sa nappe blanche, servie à l'intérieur. Tous les gardes d'honneur s'arrêtaient là; c'étaient des jeunes gens de familles riches, l'argent ne leur manquait pas, malgré leurs uniformes délabrés. A peine avaient-ils vu cette table en passant, qu'ils sautaient à terre et se précipitaient dans la salle. Mais l'aubergiste Hannès leur faisait payer cinq francs d'avance, et, au moment où ces pauvres enfants se mettaient à manger, la servante accourait en criant :

« Les Prussiens!... les Prussiens!... »

Aussitôt ils se levaient et se remettaient à cheval comme des fous, sans tourner la tête, de sorte que Hannès vendit son dîner plus de vingt fois.

J'ai souvent pensé, depuis, que des brigands pareils méritaient la corde; oui, cette façon de s'enrichir n'est pas du vrai commerce. J'en étais révolté!

Mais si je te peignais le reste : la figure de ceux que la maladie tenait, la manière dont ils se couchaient, les plaintes qu'ils poussaient, et principalement les larmes de ceux qui se forçaient de marcher et qui ne pouvaient plus, si je te disais cela, ce serait encore pire... il y en aurait trop! J'ai vu, sur la rampe du vieux pont de la Tannerie, un petit garde d'honneur de dix-sept à dix-huit ans, étendu, l'oreille contre la pierre. Cet enfant-là ne m'est jamais sorti de la mémoire; il se relevait de temps en temps et montrait sa main noire comme de la suie : il avait une balle dans le dos et sa main s'en allait. Ce pauvre être était sans doute tombé d'une charrette. Les gens n'osaient pas le secourir, parce qu'on se disait :

« Il a le typhus!... Il a le typhus!... »

Ah! quels malheurs!... On n'ose pas y penser!

Maintenant, Fritz, il faut que je te raconte encore autre chose de ce jour, où j'ai vu le maréchal Victor.

J'étais parti tard de Phalsbourg, et la nuit venait, quand, en remontant la grande rue, je vis toutes les fenêtres de l'auberge du *Soleil* illuminées de haut en bas. Deux factionnaires se promenaient sous la voûte; des officiers en grand uniforme entraient et sortaient, des chevaux magnifiques étaient attachés aux anneaux, le long des murs, et dans le fond de la cour brillaient les lanternes d'une calèche, comme deux étoiles.

Les sentinelles écartaient le monde de la rue; il fallait pourtant passer, puisque Baruch demeurait plus loin.

Je m'avançais à travers la foule, devant l'auberge, et la première sentinelle me criait : « En arrière!... En arrière! » lorsqu'un officier de hussards, un petit homme trapu, à gros favoris roux, sortit de la voûte et vint à ma rencontre en s'écriant :

« C'est toi, Moïse, c'est toi!... Je suis content de te revoir!... »

Il me serrait la main.

Naturellement, j'ouvrais de grands yeux : un officier supérieur qui serre la main d'un simple homme du peuple, cela ne se voit pas tous les jours. Je regardais bien étonné.

Alors je reconnus Zimmer, le commandant.

Nous avions été, trente-cinq ans avant, à l'école chez le père Genaudet, et nous avions couru la ville, les fossés et les glacis ensemble, comme font les enfants, c'est vrai! Mais, depuis, Zimmer avait passé bien des fois à Phalsbourg, sans se rappeler son ancien camarade Samuel Moïse.

« Hé! dit-il en riant et me prenant par le bras, arrive!... Il faut que je te présente au maréchal. »

Et malgré moi, sans avoir dit un mot, j'entrai sous la voûte, et de la voûte dans une grande salle, où le couvert de l'état-major était mis sur deux longues tables chargées de lumières et de bouteilles.

Une quantité d'officiers supérieurs : généraux, colonels, commandants de hussards, de dragons et de chasseurs, en chapeaux à plumes, en casques, en shakos rouges, le menton dans leur grosse cravate, le sabre traînant, allaient et venaient tout pensifs, ou causaient entre eux en attendant le moment de se mettre à table.

C'est à peine si l'on pouvait traverser tout ce monde, mais Zimmer me tenait toujours par le bras et m'entraînait au fond, vers une petite porte bien éclairée.

Nous entrâmes dans une chambre haute, avec deux fenêtres sur le jardin.

Le maréchal était là, debout, la tête nue; il nous tournait le dos et dictait des ordres. Deux officiers d'état-major écrivaient.

C'est tout ce que je remarquai dans le moment, à cause de mon trouble.

Comme nous venions d'entrer, le maréchal se

retourna; je vis qu'il avait une bonne figure de vieux paysan lorrain. C'était un homme grand et fort, la tête grisonnante; il approchait de cinquante ans et paraissait terriblement solide pour son âge.

« Maréchal, voici notre homme! lui dit Zimmer. C'est un de mes anciens camarades d'école, Samuel Moïse, un gaillard qui court le pays depuis trente ans et qui connaît tous les villages d'Alsace et de Lorraine. »

Le maréchal me regardait à quatre pas. Je tenais mon bonnet à la main, tout saisi. Après m'avoir observé deux secondes, il prit le papier que l'un de ses secrétaires lui tendait, il le lut et signa, puis il se retourna :

« Eh bien! mon brave, dit-il, qu'est-ce qu'on raconte de la dernière campagne? Qu'est-ce qu'on pense dans vos villages? »

En entendant qu'il m'appelait « mon brave! » je repris courage, et je lui répondis que le typhus faisait beaucoup de mal, mais qu'on ne perdait pas confiance, parce qu'on savait bien que l'Empereur avec son armée était toujours là...

Et comme il me dit brusquement :

« Oui!... Mais veut-on se défendre? »

Je répondis :

« Les Alsaciens et les Lorrains sont des gens qui se défendront jusqu'à la mort, parce qu'ils aiment leur Empereur... et qu'ils se sacrifieraient tous pour lui ! »

Je disais cela par prudence, mais il voyait bien à ma figure que je n'étais pas ami des batailles, car il se mit à sourire d'un air de bonne humeur, et dit :

« Cela suffit, commandant, c'est très-bien ! »

Les secrétaires avaient continué d'écrire. Zimmer me fit signe de la main, et nous sortîmes ensemble. Dehors il me cria :

« Bon voyage, Moïse, bon voyage ! »

Les sentinelles me laissèrent passer, et je continuai mon chemin encore tout tremblant.

J'arrivai bientôt à la petite porte de Baruch, au fond de la ruelle des anciennes écuries du cardinal, où je frappai quelques instants.

Il faisait nuit noire.

Quel bonheur, Fritz, après avoir vu ces choses terribles, d'arriver près de l'endroit où reposent ceux qu'on aime ! Comme le cœur vous bat doucement, et comme on regarde en pitié toute cette force et cette gloire, qui font le malheur de tant de monde !

Au bout d'un instant, j'entendis mon gendre entrer dans l'allée et ouvrir la porte. Baruch et Zeffen ne m'attendaient plus depuis longtemps.

« C'est vous, mon père ? me demanda Baruch.

— Oui, mon fils, c'est moi. J'arrive tard... J'ai été retardé !

— Arrivez ! » dit-il.

Et nous entrâmes dans la petite allée, puis dans la chambre où Zeffen, ma fille, reposait sur son lit, toute blanche et heureuse.

Elle m'avait déjà reconnu à la voix et me souriait. Moi, mon cœur battait de contentement, je ne pouvais rien dire, et j'embrassai d'abord ma fille, en regardant de tous les côtés où se trouvait la place du petit. Zeffen le tenait dans ses bras, sous la couverture.

« Le voici ! » dit-elle.

Alors elle me le montra dans son maillot. Je vis d'abord qu'il était gras et bien portant, avec de petites mains fermées, et je m'écriai :

« Baruch, celui-ci c'est Esdras, mon père ! Qu'il soit le bienvenu dans ce monde ! »

Et je voulus le voir tout nu, je le déshabillai. Il faisait chaud dans la petite chambre, à cause de la lampe à sept becs qui brillait. Je le déshabillai en tremblant; il ne criait pas, et les blanches mains de ma fille m'aidaient :

« Attends, mon père, attends ! » disait-elle.

Mon gendre, derrière moi, regardait. Nous avions tous les larmes aux yeux.

Je le mis donc tout nu; il était rose, et sa grosse

tête ballottait encore endormie du grand sommeil des siècles. Et je le levai au-dessus de ma tête; je regardai ses cuisses rondes, en anneaux, et ses petits pieds retirés, sa large poitrine et ses reins charnus, et j'aurais voulu danser comme David devant l'Arche, j'aurais voulu chanter : « Louez l'Éternel!... Louez-le, serviteurs de l'Éternel! — Louez le nom de l'Éternel! — Que le nom de l'Éternel soit béni dès maintenant et à toujours! — Le nom de l'Éternel est digne de louanges, depuis le soleil levant jusqu'au soleil couchant! — L'Éternel est élevé par-dessus toutes les nations; sa gloire est par-dessus les cieux! — Qui est semblable à l'Éternel, notre Dieu, qui tire les petits de la poudre, qui donne de la famille à celle qui était stérile, la rendant mère de plusieurs enfants, et joyeuse? — Louez l'Éternel! »

Oui, j'aurais voulu chanter, mais tout ce que je pus dire, c'est : « Il est beau! il est bien fait! il vivra longtemps! il sera la bénédiction de notre race et le bonheur de nos vieux jours! »

Et je les bénis tous.

Ensuite, l'ayant rendu à sa mère pour l'envelopper, j'allai embrasser l'autre, qui dormait pro fondément dans son berceau.

Nous restâmes là bien longtemps, à nous regarder dans la joie. Dehors les chevaux passaient, les soldats criaient, les voitures roulaient. Ici tout était calme; la mère donnait le sein à son enfant.

Ah! Fritz, je suis bien vieux, et ces choses lointaines sont toujours là, devant moi, comme à la première heure; mon cœur bat toujours en me les rappelant, et je remercie Dieu de sa grande bonté, je le remercie : il m'a comblé d'années, il m'a laissé voir jusqu'à ma troisième génération, et je ne suis pas rassasié de jours; je voudrais vivre encore, pour voir la quatrième et la cinquième... Que sa volonté s'accomplisse!

J'aurais voulu parler de ce qui venait de m'arriver à l'hôtel du *Soleil*, mais à côté de ma joie tout le reste était misérable; et seulement après être sorti de la chambre, en prenant une bouchée de pain et buvant un verre de vin dans la salle à côté, pour laisser dormir Zeffen, je racontai cette histoire à Baruch, qui fut bien étonné.

« Écoute, mon fils, lui dis-je, cet homme m'a demandé si nous voulions nous défendre. Cela montre que les alliés suivent nos armées, qu'ils sont en marche par centaines de mille, et qu'on ne peut plus les empêcher d'entrer en France. Et voilà qu'au milieu de notre bonheur, de très-grandes misères sont à craindre; voilà que les autres vont nous rendre tout le mal que nous leur avons fait depuis dix ans. — Je le crois... Dieu veuille que je me trompe ! »

Après ces paroles, nous allâmes aussi nous coucher. Il était bien onze heures, et le tumulte continuait dehors.

II

Le lendemain, de bonne heure, après le déjeuner, je repris mon bâton pour retourner à Phalsbourg. Zeffen et Baruch voulaient me retenir, mais je leur dis :

« Vous ne pensez pas à la mère, qui m'attend. Elle n'a plus une minute de repos, elle monte, elle descend, elle regarde à la fenêtre. Non, il faut que je parte. Maintenant que nous sommes tranquilles, Sorlé ne doit pas rester dans l'inquiétude. »

Zeffen alors ne dit plus rien et remplit mes poches de pommes et de noix, pour son frère Sâfel. Je les embrassai tous de nouveau, les petits et les grands; puis Baruch me reconduisit jusqu'au bas des jardins, à l'endroit où les chemins de la Schlittenbach et de Lutzelbourg se séparent.

Toutes les troupes étaient parties, il ne restait plus que les traînards et les malades. Mais on voyait encore la file de charrettes arrêtées dans le lointain, au haut de la côte, et des bandes de journaliers en train de creuser des fosses au revers de la route.

L'idée seule de repasser là me troublait. Je serrai donc la main de Baruch à cet embranchement, en lui promettant de revenir avec la grand'mère, pour la circoncision, et je pris ensuite le sentier de la vallée, qui longe la Zorn à travers les bois.

Ce sentier était plein de feuilles mortes, et durant deux heures je marchai sur le talus, rêvant tantôt à l'auberge du *Soleil*, à Zimmer, au maréchal Victor, — que je revoyais avec sa haute taille, ses épaules carrées, sa tête grise et son habit couvert de broderies. — Tantôt je me représentais la chambre de Zeffen, le petit enfant et la mère; puis la guerre que nous risquions d'avoir, cette masse d'ennemis qui s'avançaient de tous les côtés !

Je m'arrêtais quelquefois au milieu de ces vallées, qui s'engrènent à perte de vue, toutes couvertes de sapins, de chênes et de hêtres, et je me disais :

« Qui sait ? les Prussiens, les Autrichiens et les Russes passeront peut-être bientôt ici ! »

Mais ce qui me réjouissait, c'était de penser :

« Moïse, tes deux garçons Itzig et Frômel sont en Amérique, loin des coups de canon; ils sont là-bas, leur ballot sur l'épaule, ils vont de village en village et ne courent aucun danger. Et ta fille

Zeffen peut aussi dormir tranquille; Baruch a deux beaux enfants, et tous les ans il en aura jusqu'à la fin de la guerre. Il vendra du cuir pour faire des sacs et des souliers à ceux qui partent, mais, lui, restera dans sa maison. »

Je riais en songeant que j'étais trop vieux pour devenir conscrit, que j'avais la barbe grise, et que les recruteurs n'auraient aucun de nous. Oui, je riais en voyant que j'avais agi très-sagement en toutes choses, et que le Seigneur avait en quelque sorte balayé mon sentier.

C'est une grande satisfaction, Fritz, de voir que tout va bien pour notre compte.

Au milieu de ces pensées, j'arrivai tranquillement à Lutzelbourg, et j'entrai chez Brestel, à l'auberge de *la Cigogne,* prendre une tasse de café noir.

Là se trouvaient Bernard, le marchand de savon, que tu n'as pas connu, — c'était un petit homme chauve jusqu'à la nuque, avec de grosses loupes sur la tête, — et Donadieu, le garde forestier du Harberg. Ils avaient posé, l'un sa hotte et l'autre son fusil contre le mur, et vidaient une bouteille de vin ensemble. Brestel les aidait.

« Hé! c'est Moïse, s'écria Bernard. D'où diable viens-tu, Moïse, de si bonne heure? »

Les chrétiens, en ce temps, avaient l'habitude de tutoyer tous les juifs, même les vieillards. Je lui répondis que j'arrivais de Saverne, par la vallée.

« Ah ! tu viens de voir les blessés, dit le garde. Que penses-tu de cela, Moïse ?

— Je les ai vus, lui répondis-je tristement, je les ai vus hier soir, c'est terrible !

— Oui, tout le monde est là-haut maintenant, dit-il, parce que la vieille Grédel des Quatre-Vents a découvert sur une charrette, son neveu Joseph Bertha, le petit horloger boiteux, qui travaillait encore l'année dernière chez le père Goulden ; ceux du Dagsberg, de la Houpe, de Garbourg croient qu'ils vont aussi déterrer leurs frères, leurs fils ou leurs cousins dans le tas ! »

Il levait les épaules d'un air de pitié.

« Ces choses sont tristes, dit Brestel, mais elles devaient arriver. Depuis deux ans le commerce ne va plus ; j'ai là derrière, dans ma cour, pour trois mille livres de planches et de madriers. Autrefois cela me durait six semaines ou deux mois, aujourd'hui tout pourrit sur place : on n'en veut plus sur la Sarre, on n'en veut plus en Alsace, on ne demande plus rien, et l'on n'achète plus rien. L'auberge est dans le même état. Les gens n'ont plus le sou, chacun reste chez soi, bien content d'avoir des pommes de terre à manger, et de l'eau fraîche à boire. En attendant, mon vin et ma bière aigrissent à la cave et se couvrent de fleurs. Et tout cela n'empêche pas les traites d'arriver : il faut payer, ou recevoir la visite de l'huissier.

— Hé! s'écria Bernard, c'est la même chose pour tout. Mais qu'est-ce que cela peut faire à l'Empereur, qu'on vende ou qu'on ne vende pas des planches ou du savon, pourvu que les contributions rentrent et que les conscrits arrivent? »

Donadieu vit alors que son camarade avait pris un verre de vin de trop, il se leva, remit son fusil en bandoulière, et sortit en criant :

« Bonjour, la compagnie, bonjour! Nous recauserons de cela plus tard. »

Quelques instants après, ayant payé ma tasse de café, je suivis son exemple.

J'avais les mêmes idées que Brestel et Bernard; je voyais que mon commerce de fer et de vieux habits n'allait plus, et tout en remontant la côte des Baraques, je pensais : « Tâche de trouver autre chose, Moïse. Tout est arrêté... On ne peut pourtant pas consommer son propre bien jusqu'au dernier liard. Il faut se retourner... il faut trouver un article qui marche toujours... mais lequel marche toujours? Tous les commerces vont un temps et puis s'arrêtent. »

Et, rêvant à cela, j'avais traversé les Baraques du Bois-de-Chênes. J'arrivais déjà sur le plateau d'où l'on découvre les glacis, la ligne des remparts et les bastions, quand un coup de canon m'avertit que le maréchal sortait de la place. En même temps je vis à gauche, tout au loin, du côté de Mittelbronn, la file des sabres qui glissaient comme des éclairs entre les peupliers de la grande route. Les arbres étaient dépouillés de leurs feuilles, on découvrait aussi la voiture et ses postillons, qui courait comme le vent au milieu des plumets et des colbacs.

Les coups de canon se suivaient de seconde en seconde, les montagnes rendaient coup pour coup jusqu'au fond de leurs vallées; et moi, songeant que j'avais vu cet homme la veille, j'en étais saisi, je croyais avoir fait un rêve.

Enfin, vers dix heures, je passais le pont de la Porte-de-France. Le dernier coup de canon tonnait sur le bastion de la poudrière; les gens, hommes, femmes, enfants, descendaient des remparts en se réjouissant comme pour une fête; ils ne savaient rien, ils ne pensaient à rien, les cris de « *Vive l'Empereur!* » s'élevaient dans toutes les rues.

Je traversais la foule, bien content d'apporter une bonne nouvelle à ma femme, et je murmurais d'avance : « Le petit va bien, Sorlé! » quand, au coin de la halle, je la vis sur notre porte. Aussitôt je levai mon bâton en riant, comme pour lui dire : « Baruch est sauvé... nous pouvons rire! »

Elle m'avait déjà compris, et rentra tout de suite; mais sur l'escalier je la rattrapai, et je lui dis en l'embrassant :

« C'est un solide gaillard, va! Quel enfant... tout rond et tout rose! Et Zeffen va très-bien. Baruch m'a dit de t'embrasser pour lui. Où donc est Sâfel?

— Il est sous la halle, en train de vendre.

— Ah! bon. »

Nous entrâmes dans notre chambre. Je m'assis et me remis à célébrer l'enfant de Zeffen. Sorlé m'écoutait dans le ravissement, en me regardant avec ses grands yeux noirs et m'essuyant le front, car j'avais marché vite et je ne respirais plus.

Et notre Sâfel tout à coup arriva. Je n'avais pas eu le temps de tourner la tête, qu'il était déjà sur mes genoux, les mains dans mes poches. Cet enfant savait que sa sœur Zeffen ne l'oubliait jamais; et Sorlé voulut aussi mordre dans une pomme.

Enfin, Fritz, vois-tu, quand je pense à ces choses, tout me revient, je t'en raconterais tellement que cela ne finirait jamais.

C'était un vendredi, veille du sabbat; la *schabbès-Goïé* (1) devait venir dans l'après-midi. Pendant que nous étions encore seuls ensemble à dî-

(1) Femme du peuple, non israélite, qui fait, le samedi, dans chaque ménage juif, les travaux défendus par la loi de Moïse.

ner et que je racontais, pour la cinq ou sixième fois, comme Zimmer m'avait reconnu, comme il m'avait introduit dans la présence du duc de Bellune, ma femme me dit que le maréchal avait fait le tour de nos remparts, à cheval, avec son état-major; qu'il avait regardé les avancées, les bastions, les glacis, et qu'il avait dit, en descendant par la rue du Collége, que la place tiendrait dix-huit jours, et qu'on devait l'armer tout de suite.

Aussitôt l'idée me revint qu'il m'avait demandé si nous voulions nous défendre, et je m'écriai :

« Cet homme est sûr que les ennemis viendront. Puisqu'il fait mettre des canons sur les remparts, c'est qu'il sait déjà qu'on aura besoin de s'en servir. Ce n'est pas naturel d'ordonner des préparatifs qui ne doivent servir à rien. Et si les alliés arrivent, on fermera les portes. Qu'est-ce que nous deviendrons sans commerce? Les paysans ne pourront plus entrer ni sortir, que deviendrons-nous? »

C'est alors que Sorlé montra qu'elle avait de l'esprit, car elle me dit :

« Ces choses, Moïse, je les ai déjà pensées; le fer, les vieux souliers et le reste ne se vendent qu'aux paysans. Il faudrait entreprendre un commerce en ville, pour tout le monde : un commerce où les bourgeois, les soldats et les ouvriers soient forcés de nous acheter. Voilà ce qu'il faut faire. »

Je la regardais tout surpris. Sâfel, le coude sur la table, écoutait aussi.

« C'est très-bien, Sorlé, lui répondis-je, mais quel est le commerce où les soldats, les bourgeois, tout le monde soit forcé de nous acheter... quel est ce commerce ?

— Écoute, dit-elle, si l'on ferme les portes et si les paysans ne peuvent plus entrer, on n'apportera plus d'œufs, ni de beurre, ni de poisson, ni de rien sur le marché. Il faudra vivre de viandes salées et de légumes secs, de farine et de tout ce qui se conserve. Ceux qui auront acheté de cela pourront le revendre ce qu'ils voudront : ils deviendront riches ! »

Et comme j'écoutais, je fus émerveillé :

« Ah ! Sorlé ! Sorlé ! m'écriai-je, depuis trente ans tu as fait mon bonheur. Oui, tu m'as comblé de toutes les satisfactions, et j'ai dit cent fois : « La bonne femme est un diamant d'une eau pure et sans tache ! La bonne femme est un riche trésor pour son mari ! » Je l'ai répété cent fois ! Mais en ce jour, je vois encore mieux ce que tu vaux, et je t'en estime encore davantage. »

Plus j'y pensais, plus je reconnaissais la sagesse de ce conseil. A la fin, je dis :

« Sorlé, la viande, la farine, et tout ce qui se

conserve est remisé dans les magasins de la place, et longtemps ces provisions ne peuvent manquer aux soldats, parce que les chefs y ont pourvu. Mais ce qui peut manquer, c'est l'eau-de-vie, qu'il faut aux hommes pour se massacrer et s'exterminer dans la guerre, et c'est de l'eau-de-vie que nous achèterons. Nous en aurons en abondance dans notre cave, nous la vendrons, et personne n'en trouvera que chez nous. Voilà ce que je pense.

— C'est une bonne pensée, Moïse, fit-elle, tes raisons sont bonnes, je les approuve.

— Je vais donc écrire, lui dis-je, et nous mettrons tout notre argent en esprit-de-vin. Nous y mettrons de l'eau nous-mêmes, en proportion de ce que chacun voudra payer. De cette façon, le port coûtera moins que si nous faisions venir de l'eau-de-vie, car on n'aura pas besoin de payer le transport de l'eau, puisque nous en avons ici.

— C'est bien Moïse, » dit-elle.

Et nous fûmes d'accord.

Comme je disais à Sâfel :

« Tu ne parleras point au dehors de ces choses ! »

Elle répondit pour lui :

« Tu n'as pas besoin, Moïse, de lui faire cette recommandation, Sâfel sait bien que ces paroles sont entre nous, et que notre bien en dépend. »

Et l'enfant m'en a longtemps voulu d'avoir dit : « Tu ne parleras point de cela ! » Il était déjà plein de bon sens et se disait :

« Mon père me prend donc pour un imbécile ! »

Cette pensée l'humiliait. Plus tard, après des années, il me l'a dit, et j'ai reconnu que j'avais eu tort.

Chacun a sa sagesse. Celle des enfants ne doit pas être humiliée, mais relevée au contraire par leurs parents.

III

J'écrivis donc à Pézenas. C'est une ville du Midi, riche en laines, en vins, en eaux-de-vie. Le prix des eaux-de-vie à Pézenas règle tous ceux de l'Europe. Un homme de commerce doit savoir cela, et je le savais, parce que j'ai toujours eu du plaisir à lire les mercuriales dans les journaux. Le reste ne vient qu'après! — Je demandai douze pipes d'esprit-de-vin à M. Quataya, de Pézenas. J'avais calculé, d'après le prix des transports, que a pipe me reviendrait à mille francs, rendue dans ma cave.

Comme depuis un an le commerce de fer n'allait plus, j'écoulais ma marchandise sans rien demander : le payement des douze mille livres ne m'inquiétait pas. Seulement, Fritz, ces douze mille livres faisaient la moitié de ma fortune, et tu peux te figurer quel courage il me fallut pour risquer d'un coup ce que j'avais gagné depuis quinze ans.

Aussitôt ma lettre partie, j'aurais voulu la ravoir, mais il n'était plus temps. Je faisais bonne mine à ma femme, je lui disais :

« Tout ira bien! nous gagnerons le double, le triple, etc. »

Elle aussi me faisait bonne mine, mais nous avions peur tous les deux; et durant les six semaines qu'il me fallut pour recevoir l'accusé de réception et l'acceptation de ma commande, la facture et l'esprit-de-vin, chaque nuit je m'éveillais en pensant :

« Moïse, tu n'as plus rien! Te voilà ruiné de fond en comble! »

La sueur me coulait du corps. Eh bien! si quelqu'un était venu me dire : « Tranquillise-toi, Moïse, je prends ton affaire à mon compte! » j'aurais refusé, parce que j'avais autant envie de gagner que peur de perdre. Et c'est à cela qu'on reconnaît les vrais commerçants, les vrais généraux, et tous ceux qui font quelque chose par eux-mêmes. Les autres ne sont que de véritables machines à vendre du tabac, à verser des petits verres, ou bien à tirer des coups de fusil.

Tout cela revient au même, la gloire des uns est aussi grande que celle des autres. Voilà pourquoi, quand on parle d'Austerlitz, d'Iéna, de Wagram, il n'est pas question de Jean-Claude ou de Jean-Nicolas, mais de Napoléon seul : lui seul risquait tout, les autres ne risquaient que d'être tués.

Je ne dis pas cela pour me comparer à Napoléon, mais d'acheter ces douze pipes d'esprit-de-vin, c'était ma bataille d'Austerlitz !

Et quand je pense qu'en arrivant à Paris, l'Empereur avait demandé 440 millions et *six cent mille hommes !* — et qu'alors, tout le monde comprenant que nous étions menacés d'une invasion, chacun se mit à vendre et à faire de l'argent coûte que coûte, tandis que j'achetais sans me laisser entraîner par l'exemple, — quand je pense à cela, j'en suis encore fier, et je me trouve du courage.

C'est au milieu de ces inquiétudes que le jour de la circoncision du petit Esdras arriva. Ma fille Zeffen était remise, et Baruch m'avait écrit de ne pas nous déranger, qu'ils viendraient à Phalsbourg.

Ma femme s'était donc dépêchée de préparer les viandes et les gâteaux du festin : le *bie-kougel*, l'*haman* et le *schlach moness*, qui sont des friandises très-délicates.

Moi, j'avais fait approuver mon meilleur vin par le vieux *rebbe* (1) Heymann, et j'avais invité mes amis : Leiser de Mittelbronn et sa femme

(1) Rabbin.

Boûné, Senterlé Hirsch, et Burguet, le professeur.

Burguet n'était pas juif, mais il méritait de l'être par son esprit et ses talents extraordinaires.

Quand on avait besoin d'un discours au passage de l'Empereur, Burguet le faisait; quand il fallait des chansons pour une fête nationale, Burguet les composait entre deux chopes; quand on était embarrassé d'écrire sa thèse pour devenir avocat ou médecin, on allait chez Burguet, qui vous arrangeait cela, soit en français, soit en latin; quand il fallait faire pleurer les père et mère à la distribution des prix, c'est Burguet qu'on choisissait : il prenait un rouleau de papier blanc et leur lisait un discours à la minute, comme les autres n'auraient pas été capables d'en faire un en dix ans; quand on voulait adresser une demande à l'Empereur, ou bien au préfet, c'est à Burguet qu'on pensait tout de suite; et quand Burguet se donnait la peine d'aller défendre un déserteur devant le conseil de guerre, à la mairie, le déserteur, au lieu d'être fusillé sur le bastion de la caserne, était relâché.

Après tout cela, Burguet retournait tranquillement faire sa partie de piquet avec le petit juif Salmel (1), et perdait toujours; les gens ne s'inquiétaient plus de lui.

(1) Salomon.

J'ai souvent pensé que Burguet devait mépriser terriblement ceux auxquels il tirait le chapeau. Oui, de voir des gaillards qui se donnent des airs d'importance, parce qu'ils sont garde champêtre ou secrétaire de la mairie, cela doit faire rire intérieurement un homme pareil. Mais il ne me l'a jamais dit; il savait trop bien vivre, il avait trop l'habitude du monde.

C'était un ancien prêtre constitutionnel, un homme grand, la figure noble et la voix très-belle; rien que de l'entendre, on était touché malgré soi. Malheureusement il ne regardait pas à ses intérêts, il se laissait voler par le premier venu. Combien de fois je lui ai dit :

« Burguet, au nom du ciel, ne jouez pas avec des voleurs! Burguet, ne vous laissez donc pas dépouiller par des imbéciles! Confiez-moi vos appointements du collége; quand on viendra pour vous gruger, je serai là, je vérifierai les notes, et je vous rendrai compte. »

Mais il ne songeait pas à l'avenir et vivait dans l'insouciance.

J'avais donc invité tous mes vieux amis pour le 24 novembre matin, et pas un ne manquait à la fête.

Le père et la mère, avec le petit enfant, le parrain et la marraine étaient arrivés de bonne heure dans une grande voiture. Vers onze heures, la cérémonie avait eu lieu dans notre synagogue, et tous ensemble, remplis de joie et de satisfaction, car l'enfant avait à peine jeté son cri, nous étions revenus dans ma maison, préparée d'avance : — la grande table, au premier, ornée de fleurs, les viandes dans leurs plats d'étain, les fruits dans leurs corbeilles, — et nous avions commencé gaîment à célébrer ce beau jour.

Le vieux *rebbe* Heymann, Leiser et Burguet se trouvaient à ma droite, mon petit Sâfel, Hirsch et Baruch à ma gauche, et les femmes Sorlé, Zeffen, Jételé et Boûné en face, de l'autre côté, selon l'ordre du Seigneur, qui veut que les hommes et les femmes soient séparés dans les festins, à cause de la chaleur du sang et de l'animation du bon vin.

Burguet, avec sa cravate blanche, sa belle redingote marron et sa chemise à jabot, me faisait honneur; il parlait, élevant la voix et faisant de grands gestes nobles, comme un homme d'esprit; causant des anciens usages de notre nation, de nos cérémonies religieuses, du *Paeçach* (1), du *Rosch haschannah* (2), du *Kippour* (3), comme un véritable *Ied* (4), trouvant notre religion très-belle et glorifiant le génie de Moïse.

(1) Fête des Pâques.
(2) Nouvel an.
(3) Jour des expiations.
(4) Juif.

Il savait le *Lochene Koïdech* (1) aussi bien qu'un *bal-kebolé* (2).

Ceux de Saverne, se penchant à l'oreille de leurs voisins, demandaient tout bas :

« Quel est donc cet homme qui parle avec autorité, et qui dit des choses si belles? Est-ce un *rebbe?* est-ce un *schamess* (3)? ou bien est-ce le *parness* (4) de votre communauté ? »

Et quand on leur répondait qu'il n'était pas des nôtres, ces gens s'émerveillaient. Le vieux *rebbe* Heymann seul pouvait lui répondre, et sur tout ils étaient d'accord, comme des savants parlant de choses connues, et respectant leur propre science.

Derrière nous, sur le lit de la grand'mère, entre les rideaux, dormait notre petit Esdras, la figure douce, et les petites mains fermées; il dormait si bien, que ni les éclats de rire, ni les discours, ni le bruit des verres ne pouvaient l'éveiller. Tantôt l'un, tantôt l'autre allait le voir, chacun disait :

« C'est un bel enfant! Il ressemble au grand-père Moïse! »

Cela me réjouissait naturellement ; et j'allais aussi le voir, penché sur lui longtemps, et trouvant qu'il ressemblait encore plus à mon père.

(1) Le chaldéen.
(2) Docteur en cabbale.
(3) Bedeau juif.
(4) Chef civil d'une communauté israélite.

Sur les trois heures, les viandes étant enlevées, et les friandises répandues sur la table, comme il arrive au dessert, je descendis chercher une bouteille de meilleur vin, une vieille bouteille de Roussillon, que je déterrai sous les autres, toute couverte de poussière et de toiles d'araignée. Je la pris doucement, et je remontai la poser parmi les fleurs sur la table, disant :

« Vous avez trouvé l'autre vin très-bon, qu'allez-vous dire de celui-ci ? »

Alors Burguet sourit, car le vin très-vieux faisait sa joie ; il étendit la main au-dessus, et s'écria :

« O noble vin, consolateur, réparateur et bienfaiteur des pauvres hommes dans cette vallée de misères ! O vénérable bouteille, vous portez tous les signes d'une antique noblesse ! »

Il disait cela la bouche pleine, et tout le monde riait.

Aussitôt je dis à Sorlé de chercher le tire-bouchon.

Mais comme elle se levait, tout à coup des trompettes éclatent dehors, et chacun écoute, en se demandant :

« Qu'est-ce que c'est ? »

En même temps les pas d'un grand nombre de chevaux remontaient la rue, et la terre tremblait avec les maisons, sous un poids énorme.

Toute la table se leva, jetant les serviettes et courant aux fenêtres.

Et voilà que de la porte de France jusqu'à la petite place, des soldats du train, avec leurs gros shakos couverts de toile cirée et leurs selles en peau de mouton, s'avançaient, traînant des fourgons de boulets, d'obus et d'outils pour remuer la terre.

Songe, Fritz, à ce que je pensais en ce moment.

« Voici la guerre, mes amis, dit Burguet, voici la guerre! Elle s'approche de nous... elle s'avance... Notre tour est venu de la supporter, au bout de vingt ans. »

Moi, penché, la main sur la pierre, je pensais :

« Maintenant, l'ennemi ne peut plus tarder à venir... Ceux-ci sont envoyés pour armer la place. Et qu'arrivera-t-il si les alliés nous entourent, avant que j'aie reçu mon eau-de-vie? Qu'arrivera-t-il si les Russes ou les Autrichiens arrêtent les voitures et qu'ils les prennent? Je serai forcé de payer tout de même, et je n'aurai plus un liard! »

Et songeant à cela, je devenais tout pâle. Sorlé me regardait, elle avait sans doute les mêmes idées, et ne disait rien.

Nous restâmes là jusqu'à la fin du défilé. La rue était pleine de monde. Quelques anciens soldats : Desmarets l'Égyptien, Paradis le canonnier, Rolfo, Faisard le sapeur de la Bérésina, comme on l'appelait, et plusieurs autres criaient : « *Vive l'Empereur !* »

Les enfants couraient derrière les fourgons, répétant aussi : « *Vive l'Empereur !* » Mais le grand nombre, les lèvres serrées et l'air pensif, regardaient en silence.

Quand la dernière voiture eut tourné le coin de Fouquet, toute cette foule rentra la tête penchée ; et nous, dans la chambre, nous nous regardions les uns les autres, sans avoir envie de continuer la fête.

« Vous n'êtes pas bien, Moïse, me dit Burguet, qu'avez-vous ?

— Je pense à tous les malheurs qui vont tomber sur la ville.

— Bah ! ne craignez rien, répondit-il, la défense sera solide. Et puis, à la grâce de Dieu ! Ce qu'on ne peut pas éviter, il faut s'y soumettre. Allons, rasseyons-nous, ce vieux vin va nous remonter le cœur. »

Alors chacun reprit sa place. Je débouchai la bouteille, et ce que Burguet avait dit arriva, le vieux roussillon nous fit du bien, on se mit à rire.

Burguet s'écriait :

« A la santé du petit Esdras ! Que l'Éternel étende sur lui sa droite ! »

Et les verres s'entre-choquaient. On criait :

« Puisse-t-il réjouir longtemps le grand-père Moïse et la grand'mère Sorlé! — A leur santé! »

On finit même par tout voir en beau et par glorifier l'Empereur, qui ne perdait pas de temps pour nous défendre, et qui devait bientôt écraser tous ces gueux de l'autre côté du Rhin.

Mais c'est égal, vers cinq heures, quand il fallut se séparer, chacun était devenu grave, et Burguet lui-même, en me serrant la main au bas de l'escalier, semblait soucieux.

« Il va falloir renvoyer les élèves à leurs parents, disait-il, et nous resterons les bras croisés. »

Ceux de Saverne, avec Zeffen, Baruch et les enfants, remontèrent dans la voiture et repartirent sans faire claquer le fouet.

IV

Tout cela, Fritz, n'était que le commencement de bien d'autres misères.

C'est le lendemain qu'il aurait fallu voir la ville, quand les officiers du génie, vers onze heures, eurent passé l'inspection des remparts, et que le bruit se répandit tout à coup qu'il fallait soixante-douze plates-formes dans l'intérieur des bastions, trois blokhaus à l'épreuve de la bombe, pour trente hommes chaque, à droite et à gauche de la porte d'Allemagne, dix palanques crénelées, formant réduit de place d'armes, pour quarante hommes, quatre blindages sur la grande place de la Mairie, pour abriter chacun cent dix hommes; et quand on apprit que les bourgeois seraient forcés de travailler à tout cela, — de fournir eux-mêmes les pelles, les pioches et les brouettes, — et les paysans d'amener les arbres avec leurs propres chevaux!

Sorlé, Sâfel et moi, nous ne savions pas même

ce que c'étaient qu'un blindage et des palanques; nous demandions au vieil armurier Bailly, notre voisin, à quoi cela pouvait servir, il riait et disait :

« Vous l'apprendrez, voisin, quand vous entendrez ronfler les boulets et siffler les obus. C'est trop long à expliquer. Vous verrez plus tard. On s'instruit à tout âge. »

Pense à la figure que faisaient les gens !

Je me rappelle que tout le monde courait sur la place, où notre maire, le baron Parmentier, prononçait un discours. Nous y courûmes comme les autres. Sorlé me tenait au bras, et Sâfel à la basque de ma capote.

Là, devant la mairie, toute la ville, hommes, femmes, enfants, formés en demi-cercle, écoutaient dans le plus profond silence, et quelquefois tous ensemble se mettaient à crier : « *Vive l'Empereur!* »

Parmentier, un grand homme sec, en habit bleu de ciel à queue de morue et cravate blanche, l'écharpe tricolore autour des reins, au haut des marches du corps de garde, et les membres du conseil municipal derrière lui, sous la voûte, criait :

« Phalsbourgeois! l'heure est venue de montrer votre dévouement à l'Empire. L'année dernière, toute l'Europe marchait avec nous, aujourd'hui toute l'Europe marche contre nous. Nous aurions tout à redouter, sans l'énergie et la puissance de la nation. Celui qui ne ferait pas son devoir en ce moment serait traître à la patrie. Habitants de Phalsbourg, montrez ce que vous êtes. Rappelez-vous que vos enfants sont morts par la trahison des alliés. Vengez-les! — Que chacun obéisse à l'autorité militaire, pour le salut de la France, etc... »

Rien que de l'entendre, cela vous donnait la chair de poule, et je m'écriais en moi-même :

« Maintenant l'esprit-de-vin n'a plus le temps d'arriver, c'est clair... Les alliés sont en route! »

Elias, le boucher, et Kalmes Lévy, le marchand de rubans, se trouvaient près de nous. Au lieu de crier comme les autres : « *Vive l'Empereur !* » ils se disaient entre eux :

« Bon! nous ne sommes pas barons, nous! Les barons, les comtes et les ducs n'ont qu'à se défendre eux-mêmes... Est-ce que leurs affaires nous regardent? »

Mais tous les anciens soldats, et principalement ceux de la République, le vieux Goulden l'horloger, Desmarets l'Égyptien, des êtres qui n'avaient plus de cheveux sur la tête, ni même quatre dents pour tenir leur pipe, ces êtres donnaient raison au maire et criaient :

« Vive la France ! Il faut se défendre jusqu'à la mort ! »

Comme plusieurs regardaient Kalmes Lévy de travers, je lui dis à l'oreille :

« Tais-toi, Kalmes ! au nom du ciel, tais-toi ! ils vont te déchirer ! »

Et c'était vrai, ces vieux lui lançaient des coups d'œil terribles ; ils devenaient tout pâles, et leurs joues frissonnaient.

Alors Kalmes se tut, et sortit même de la foule pour retourner chez lui. Mais Elias attendit jusqu'à la fin du discours, et dans le moment où toute cette masse redescendait la grande rue, en criant : « *Vive l'Empereur !* » il ne put s'empêcher de dire au vieil horloger :

« Comment ! vous, monsieur Goulden, un homme raisonnable, et qui n'avez jamais rien voulu de l'Empereur, vous allez maintenant le soutenir, et vous criez qu'il faut se défendre jusqu'à la mort ! Est-ce que c'est notre métier, à nous, d'être soldats ? Est-ce que nous n'avons pas assez fourni de soldats à l'Empire, depuis dix ans ? Est-ce qu'il n'en a pas assez fait tuer ? Faut-il encore lui donner notre sang, pour soutenir des barons, des comtes, des ducs ?... »

Mais le vieux Goulden ne le laissa pas finir, et se retourna comme indigné :

« Écoute, Elias, lui dit-il, tâche de te taire ! Il ne s'agit pas maintenant de savoir lequel a raison ou tort, il s'agit de sauver la France. Je te préviens que si, par malheur, tu veux décourager les autres, cela tournera mal pour toi. Crois-moi, va-t'en ! »

Déjà plusieurs vieux retraités nous entouraient, Elias n'eut que le temps d'enfiler son allée en face.

Depuis ce jour les publications, les réquisitions, les corvées, les visites domiciliaires pour les outils, pour les brouettes, se suivaient sans interruption. On n'était plus rien chez soi, les officiers de place prenaient autorité sur tout, on aurait dit que tout était à eux. Seulement, ils vous donnaient des reçus.

Tous les outils de mon magasin de fer étaient sur les remparts ; heureusement j'en avais vendu beaucoup avant, car ces billets, à la place de marchandises, m'auraient ruiné.

De temps en temps le maire faisait un discours, et le gouverneur, un gros homme bourgeonné, témoignait sa satisfaction aux bourgeois : cela remplaçait les écus !

Quand mon tour arrivait de prendre la pioche et de mener la brouette, je m'étais arrangé avec

Carabin, le scieur de long, qui me remplaçait pour trente sous. Ah! quelle misère!... On ne verra jamais de temps pareil.

Pendant que le gouverneur nous commandait, la gendarmerie était toujours dehors pour escorter les paysans. Le chemin de Lutzelbourg ne formait qu'une seule ligne de voitures, chargées de vieux chênes, qui servaient à construire les blokhaus : ce sont de grandes guérites faites de troncs d'arbres entiers croisés par le haut et recouverts de terre. C'est plus solide qu'une voûte ; les obus et les bombes peuvent pleuvoir là-dessus sans rien ébranler au-dessous, comme je l'ai vu par la suite.

Et puis ces arbres servaient à faire des lignes de palissades énormes, taillées en pointe et percées de trous pour tirer : c'est ce qu'on appelle palanques.

Je crois encore entendre les cris des paysans, les hennissements des chevaux, les coups de fouet et tout ce bruit qui ne finissait ni jour ni nuit.

Ma seule consolation était de penser :

« Si les eaux-de-vie arrivent maintenant, elles seront bien défendues ; les Autrichiens, les Prussiens et les Russes ne les boiront pas ici. »

Sorlé, chaque matin, croyait recevoir la lettre d'envoi.

Un jour de sabbat, nous eûmes la curiosité d'aller voir les ouvrages des bastions. Tout le monde en parlait, et Sâfel à chaque instant venait me dire :

« Le travail avance... On remplit les obus devant l'arsenal... On sort les canons... on les monte sur les remparts. »

Nous ne pouvions pas retenir cet enfant; il n'avait plus rien à vendre sous la halle, et se serait trop ennuyé chez nous. Il courait la ville et nous rapportait les nouvelles.

Ce jour-là donc, ayant appris que quarante-deux pièces étaient en batterie, et qu'on continuait l'ouvrage sur le bastion de la caserne d'infanterie, je dis à Sorlé de mettre son châle et que nous irions voir.

Nous descendîmes d'abord jusqu'à la porte de France. Des centaines de brouettes remontaient la rampe du bastion, d'où l'on voit la route de Metz à droite, et celle de Paris à gauche.

Là-haut, des masses d'ouvriers, soldats et bourgeois, élevaient un tas de terre en forme de triangle, d'au moins vingt-cinq pieds de haut sur deux cents de long et de large. — Un officier du génie avait découvert, avec sa lunette, que de la côte en face on pouvait tirer sur ce bastion, et voilà pourquoi tout ce monde travaillait à mettre deux pièces au niveau de la côte.

Partout ailleurs on avait fait de même. L'intérieur de ces bastions, avec leur plate-forme, était fermé tout autour à la hauteur de sept pieds, comme des chambres. Rien ne pouvait y tomber que du ciel. Seulement, dans le gazon étaient creusées d'étroites ouvertures, qui s'élargissaient en dehors en forme d'entonnoirs; la gueule des canons, élevés sur des affûts immenses, s'allongeait dans ces ouvertures; on pouvait les avancer et les reculer, les tourner dans toutes les directions, au moyen de gros leviers passés dans des anneaux à l'arrière-train des affûts.

Je n'avais pas encore entendu tonner ces pièces de 48, mais rien que de les voir en batterie sur leurs plates-formes, cela me donnait une idée terrible de leur force. Sorlé elle-même disait :

« C'est beau, Moïse, c'est très-bien fait! »

Elle avait raison, car à l'intérieur des bastions tout était propre, pas une mauvaise herbe ne restait; et sur les côtés s'élevaient encore de grands sacs remplis de terre, pour mettre les canonniers à l'abri.

Mais que de travail perdu! Et quand on pense que chaque coup de ces grosses pièces coûte au moins un louis, que d'argent dépensé pour tuer ses semblables!

Enfin les gens travaillaient à ces constructions avec plus d'enthousiasme qu'à la rentrée de leurs propres récoltes. J'ai souvent pensé que si les

Français mettaient autant de soins, de bon sens et de courage aux choses de la paix, ils seraient le plus riche et le plus heureux peuple du monde. Oui, depuis des années, ils auraient dépassé les Anglais et les Américains. Mais quand ils ont bien travaillé, bien économisé, quand ils ont ouvert des chemins partout, bâti des ponts magnifiques, creusé des ports et des canaux, et que la richesse leur arrive de tous les côtés, tout à coup la fureur de la guerre les reprend, et dans trois ou quatre ans ils se ruinent en grandes armées, en canons, en poudre, en boulets, en hommes, et redeviennent plus misérables qu'avant. Quelques soldats sont leurs maîtres et les traitent du haut en bas : — Voilà leur profit!

Au milieu de tout cela, les nouvelles de Mayence, de Strasbourg, de Paris arrivaient par douzaines; on ne pouvait pas traverser la rue sans voir passer une estafette. Toutes s'arrêtaient devant la maison Bockholtz, près de la porte d'Allemagne, où demeurait le gouverneur. On faisait cercle autour du cheval, l'estafette montait, puis le bruit se répandait en ville que les alliés se concentraient à Francfort, que nos troupes gardaient les îles du Rhin, que les conscrits de 1803 à 1814 étaient rappelés, que ceux de 1815 formeraient des corps de réserve à Metz, à Bordeaux, à Turin; que les députés allaient se réunir, ensuite qu'on leur avait fermé la porte au nez, et cætera, et cætera !

Il arrivait aussi des espèces de contrebandiers du Graufthàl, de Pirmasens et de Kaiserslautern, Frantz-Sépel le manchot en tête, et d'autres gens des villages environnants, qui répandaient en cachette les proclamations d'Alexandre, de François-Joseph et de Frédéric-Guillaume, disant « qu'ils ne faisaient pas la guerre à la France, mais à l'Empereur seul, pour l'empêcher de désoler plus longtemps l'Europe. » Ils parlaient de l'abolition des droits réunis et des impositions de toute sorte. Les gens, le soir, ne savaient plus que penser.

Mais un beau matin tout devint plus clair. C'était le 8 ou le 9 décembre, je venais de me lever, et je tirais ma culotte, quand j'entends le roulement du tambour au coin de la grande rue.

Il faisait déjà froid, malgré cela, j'ouvre la fenêtre, et je me penche pour entendre les publications : Harmantier déployait son papier, le fils Engelheider continuait son roulement, et les gens s'assemblaient.

Ensuite Harmantier lut que le gouverneur de la place prévenait les habitants de se rendre à la mairie, de huit heures du matin à six heures du soir, sans faute, pour recevoir leurs fusils et leurs gibernes, et que ceux qui n'arriveraient pas passeraient au conseil de guerre.

Voilà, c'était la fin, le bouquet! Tout ce qui pouvait encore marcher était en route, et les vieux devaient défendre les places fortes : des hommes sérieux, des bourgeois, des gens habitués à vivre chez eux, tranquillement, à songer aux affaires! maintenant ils devaient monter sur les remparts, et risquer tous les jours de perdre leur vie.

Sorlé me regardait sans rien dire, et l'indignation m'empêchait aussi de parler. Ce n'est qu'au bout d'un quart d'heure, après m'être habillé, que je dis :

« Prépare la soupe. Moi, je vais prendre à la mairie mon fusil et ma giberne. »

Alors elle s'écria :

« Moïse, qui jamais aurait cru que tu serais forcé de te battre à ton âge? Ah! mon Dieu, quel malheur! »

Et je lui répondis :

« C'est la volonté de l'Éternel. »

Ensuite je sortis dans une grande désolation. Le petit Sâfel me suivait.

Comme j'arrivais au coin de la halle, Burguet descendait déjà l'escalier de la mairie, qui fourmillait de monde; il avait son fusil sur l'épaule et se mit à dire en riant :

« Eh bien, Moïse, nous allons donc devenir des Machabées dans nos vieux jours? »

Sa bonne humeur me rendit du courage et je lui répondis :

« Burguet, comment peut-on prendre des gens raisonnables, des pères de famille, pour aller se faire exterminer? Je ne puis pas le comprendre; non, cela n'a pas de bon sens.

— Hé! fit-il, que voulez-vous? faute de grives, on prend des merles. »

Et comme ses plaisanteries ne me faisaient pas rire, il dit :

« Allons, Moïse, ne vous désolez pas, tout ceci n'est qu'une simple formalité. Nous avons assez de troupes pour faire le service actif de la place, nous n'aurons que des gardes à monter. S'il faut faire des sorties, repousser des attaques, ce n'est pas vous qu'on prendra; vous n'êtes pas d'âge à courir, à faire le coup de baïonnette, que diable!... Vous êtes tout gris et tout chauve. Rassurez-vous!

— Oui, lui répondis-je, c'est bien vrai, Burguet, je suis cassé, peut-être plus encore que vous ne croyez.

— Cela se voit bien, dit-il. Mais allez prendre votre fusil et votre giberne.

— Est-ce que nous n'irons pas demeurer à la caserne? lui demandai-je.

— Non, non, s'écria-t-il en riant tout haut, nous vivrons tranquillement chez nous. »

Alors il me serra la main, et j'entrai sous la voûte de la mairie. L'escalier était encombré de monde, et l'on entendait crier les noms.

C'est là, Fritz, qu'il fallait voir les mines des Robinot, des Gourdier, des Mariner, de ce tas de couvreurs, de remouleurs, de peintres en bâtiments, de gens qui tous les jours, en temps ordinaire, vous tiraient la casquette pour avoir un peu d'ouvrage, c'est là qu'il fallait les voir se redresser, vous regarder par-dessus l'épaule d'un air de pitié, souffler dans leurs joues, et crier :

« C'est toi, Moïse! tu vas faire un drôle de troupier. Hé! hé! hé! on va te couper les moustaches à l'ordonnance! »

Et d'autres sottises pareilles.

Oui, tout était changé : ces anciens braves étaient nommés d'avance sergents, sergents-majors, caporaux, et nous autres nous n'étions plus rien. La guerre bouleverse tout, les premiers deviennent les derniers, et les derniers deviennent les premiers. Ce n'est plus de bon sens qu'il s'agit, c'est de discipline; celui qui récurait votre plancher la veille, parce qu'il était trop bête pour gagner sa vie d'une autre façon, devient votre sergent, et s'il vous dit que le blanc est noir, il faut lui donner raison.

Enfin, ce jour-là, comme j'attendais depuis une heure, on appela : « Moïse! » et je montai.

La grande salle en haut était pleine de monde ; chacun criait :

« Moïse ! viendras-tu, Moïse ? Ah ! le voilà !... c'est la vieille garde... Regardez ça... comme c'est bâti !... Tu seras porte-drapeau, Moïse ; tu vas nous conduire à la victoire ! »

Et ces imbéciles riaient, en se donnant des coups de coude. Moi, je passais sans leur répondre ni même les regarder.

Dans la chambre du fond, où l'on tire à la conscription, le gouverneur Moulin, le commandant Petitgenet, le maire, le secrétaire de la mairie Frichard, le capitaine d'habillement Rollin, et six ou sept autres vieux retraités, criblés de rhumatismes ramassés dans les cinq parties du monde, étaient réunis en conseil, les uns assis, les autres debout.

Ces vieux se mirent à rire en me voyant entrer. Je les entendis qui se disaient entre eux :

« Il est encore solide, celui-là !... Oui, c'est du propre. »

Ainsi de suite. — Je pensais :

« Dites ce qu'il vous plaira, vous ne me ferez pas croire que voûs avez vingt ans, ni que vous êtes beaux. »

Mais je me taisais.

Tout à coup le gouverneur, qui causait dans un

coin avec le maire, se retourna, son grand chapeau de travers, et dit en me regardant :

« Que voulez-vous qu'on fasse d'une pareille patraque? Vous voyez bien qu'il ne peut pas se tenir sur ses jambes. »

Alors, malgré tout, je fus content, et je me mis à tousser.

« Bon, bon, dit-il, vous pouvez retourner chez vous, soigner votre rhume. »

J'avais déjà fait quatre pas du côté de la porte, lorsque le secrétaire de la mairie, Frichard, s'écria :

« C'est Moïse!... le juif Moïse, colonel, qui a fait partir ses deux garçons pour l'Amérique; son aîné serait au service. »

Ce gueux de Frichard m'en voulait, parce que nous avions le même commerce de vieux habits sous la halle, et que les paysans me donnaient presque toujours la préférence; il m'en voulait à mort, et c'est pour cela qu'il se mit à me dénoncer.

Aussitôt le gouverneur me cria :

« Halte! un instant... Ah! vieux renard... ah! vous envoyez vos garçons en Amérique pour les sauver de la conscription!... C'est bon! qu'on lui donne son fusil, sa giberne et son sabre. »

L'indignation contre Frichard me suffoquait. J'aurais voulu parler, mais le gueux riait en continuant d'écrire au bureau ; c'est pourquoi je suivis le gendarme Werner dans la salle à côté, pleine de fusils, de sabres et de gibernes.

Werner lui-même me pendit une giberne et un sabre en croix sur le dos, et me remit un fusil en disant :

« Va, Moïse, et tâche de répondre toujours à l'appel. »

Je descendis à travers la foule, tellement indigné que je n'entendais plus les éclats de rire de la canaille :

En rentrant chez nous, je racontai à Sorlé ce qui venait de m'arriver, elle m'écoutait toute pâle. Au bout d'un instant, elle me dit :

« Ce Frichard est l'ennemi de notre race, c'est un ennemi d'Israël; je le sais, il nous déteste ! Mais à cette heure, Moïse, ne dis rien, ne lui montre pas ta colère, il serait trop content. Seulement plus tard tu te vengeras ! Il faut une occasion. Et si ce n'est pas toi, ce seront tes enfants, tes petits-enfants ; ils sauront tous ce que le misérable a fait contre leur grand-père... Ils le sauront ! »

Elle fermait ses mains, et le petit Sâfel écoutait.

C'est tout ce qu'elle pouvait me dire de mieux. Je pensais aussi comme elle, mais ma colère était si grande, que j'aurais donné la moitié de mon bien pour ruiner le gueux ; durant tout ce jour, et même pendant la nuit, je m'écriai plus de vingt fois :

« Ah ! le brigand... j'étais dehors... On m'avait dit : « Allez! » Et c'est lui qui me cause ces misères! »

Tu ne peux pas te figurer, Fritz, combien j'en ai toujours voulu depuis à cet homme. Jamais, ni ma femme ni moi, n'avons oublié ce qu'il a fait contre nous, jamais mes enfants ne l'oublieront.

V

Le lendemain, il fallut répondre à l'appel devant la mairie. Tous les enfants de la ville nous entouraient et sifflaient. Par bonheur les blindages de la place d'Armes n'étaient pas encore finis, de sorte que nous allâmes apprendre l'exercice dans la grande cour du collége, près du chemin de ronde, au coin de la poudrière. On avait congédié les élèves depuis quelque temps, la place était libre.

Figure-toi donc cette grande cour pleine de bourgeois en chapeaux, capotes, habits, veste et culotte, forcés d'obéir à leurs anciens chaudronniers, à leurs ramoneurs, à leurs garçons d'écurie devenus caporaux, sergents, sergents-majors. Figure-toi ces gens paisibles, par quatre, par six, par dix, allongeant la jambe en cadence et marchant au pas : « Une... *deusse!* Une... *deusse!* — Halte... Fixe! » tandis que les autres marchent en arrière, froncent les sourcils, crient et vous apostrophent avec insolence :

« Moïse, efface tes épaules !

— Moïse, rentre ton nez dans les rangs !

— Attention, Moïse !... Portez armes ! Ah ! vieille savate, tu ne seras jamais propre à rien. Peut-on être aussi bête à son âge? Regarde... regarde donc, mille tonnerres !... Tu ne peux pas faire ça? Une... *deusse!* Quelle vieille buse !... Allons, recommençons : — Portez armes ! »

Voilà, Fritz, comme mon propre savetier, Monborne, me commandait. Je crois qu'il m'aurait roué de coups, sans la défense du capitaine Vigneron.

Tous les autres faisaient la même chose avec leurs anciens patrons. On aurait dit que cela devait durer toujours, qu'ils seraient toujours sergents et nous toujours soldats. J'amassais du fiel contre cette canaille pour cinquante ans.

Enfin ils étaient les maîtres! Et la seule fois que je me souvienne d'avoir donné des soufflets à mon propre fils Sâfel, c'est ce Monborne qui peut se vanter d'en être cause. — Tous les enfants grimpaient sur le mur du chemin de ronde, pour nous regarder et se moquer de nous. En levant les yeux, je vis Sâfel dans le nombre, et je lui fis signe du doigt avec indignation. Il descendit tout de suite; mais à la fin de l'exercice, quand on nous dit de rompre les rangs devant l'hôtel de ville, comme il s'approchait, la colère me prit, et je lui donnai deux bons soufflets, en lui criant :

« Va siffler et te moquer de ton père, comme Cham, au lieu d'apporter un manteau pour couvrir sa honte... va ! »

Il pleurait à chaudes larmes, et c'est dans cet état que je rentrai chez nous. Sorlé, me voyant revenir tout pâle et le petit qui me suivait de loin en sanglotant, descendit aussitôt sur la porte me demander ce que c'était. Je lui dis ma colère, et je montai.

Sorlé fit encore de plus grands reproches à Sâfel, qui vint me demander mon pardon. Je le lui donnai de bien bon cœur, comme tu penses. Mais en songeant que l'exercice devait recommencer tous les jours, j'aurais voulu tout abandonner, s'il avait été possible d'emporter ma maison et mes marchandises.

Oui, ce que je connais de pire, c'est d'être commandé par des vauriens, qui ne conservent aucune mesure lorsque le hasard les élève une minute, et qui sont incapables de réfléchir qu'en ce monde chacun a son tour.

Il faudrait en dire trop sur ce chapitre, j'aime mieux continuer.

L'Éternel me gardait une grande consolation. J'avais à peine déposé ma giberne et mon fusil dans un coin, pour m'asseoir à table, que Sorlé me présentait une lettre en souriant et me disait :

« Lis cela, Moïse, ta mauvaise humeur passera. »

J'ouvris et je lus. C'était l'avis de Pézenas que mes douze pipes d'esprit étaient en route. Alors je respirai.

« Ah ! tout va bien maintenant, m'écriai-je, les esprits sont en route par le roulage ordinaire ; dans trois semaines ils arriveront. Du côté de Strasbourg et de Sarrebruck rien ne s'annonce ; les alliés continuent de se réunir, mais ils ne bougent pas : mes eaux-de-vie sont sauvées ! Nous les vendrons bien. C'est une fameuse affaire. »

Je riais, j'étais remis tout à fait, quand Sorlé, m'ayant avancé le fauteuil, me dit :

« Et cela, Moïse, que penses-tu de cela ? »

En même temps, elle me donnait une seconde lettre, couverte de gros timbres, et du premier coup d'œil j'avais reconnu l'écriture de mes deux garçons, Frômel et Itzig.

C'était une lettre d'Amérique ! Mon cœur fut gonflé de joie, et je me mis à louer l'Éternel en moi-même, sans rien dire, étant trop touché d'un si grand bonheur.

Je dis :

« Notre Seigneur est grand. Son intelligence est infinie. Il n'a point égard à la force du cheval, il ne fait point cas des hommes légers à la course; il met son affection en ceux qui s'attendent à sa bonté. »

Ainsi me parlais-je en moi-même, lisant cette lettre, où mes fils célébraient la terre d'Amérique, le vrai pays des hommes de commerce, le pays des gens entreprenants, où tout est libre, où l'on ne trouve point de régies ni d'impositions, parce que l'on n'élève pas les hommes pour la guerre, mais pour la paix; le pays, Fritz, où chacun devient, par son travail, son intelligence, son économie et sa bonne volonté, ce qu'il mérite d'être, où tout est à sa place, parce que personne ne peut rien décider de grave sans la volonté de tous, chose juste, qui tombe sous le bon sens : quand tous doivent contribuer, il faut aussi que tous donnent leur avis.

Cette lettre est une des premières. Frômel et Itzig me racontaient qu'ils avaient assez gagné d'argent depuis un an, pour ne plus porter leurs ballots eux-mêmes, mais qu'ils avaient trois beaux mulets, et qu'ils venaient d'ouvrir à Cast-Kill, près d'Albany, dans l'État de New-York, une maison pour l'échange de marchandises fabriquées en Europe, contre des peaux de bœufs, très-abondantes en ce pays.

Leurs affaires allaient bien, ils avaient la considération de la ville et des environs. Pendant que Frômel était en route avec les trois mulets, Itzig restait à la maison, et quand Itzig partait à son tour, son frère tenait le magasin.

Ils savaient déjà nos malheurs et bénissaient l'Éternel de leur avoir donné des parents tels que nous, pour les sauver de la destruction. Ils auraient voulu nous avoir avec eux, et, d'après ce qui venait de m'arriver, d'être maltraité par un Monborne, tu peux croire que j'aurais été bien content de me trouver là-bas. Mais c'était assez de recevoir d'aussi bonnes nouvelles, et, malgré toutes nos misères, en songeant à Frichard, je me dis :

« Tu n'es pourtant qu'un âne auprès de moi. Tu peux me faire du tort ici, mais tu ne peux nuire à mes garçons. Tu ne seras jamais qu'un misérable secrétaire de mairie, et moi je vais vendre mes eaux-de-vie ; je gagnerai le double et le triple. Je mettrai mon petit Sâfel à côté de toi, sous la halle, et tous ceux qui voudront entrer dans ta boutique pour acheter, il leur fera signe de venir ; il leur vendra même au prix coûtant, plutôt que de les lâcher, et te fera périr de colère. »

J'avais les larmes aux yeux en songeant à cela, et je finis par embrasser Sorlé, qui riait et ne se tenait plus de satisfaction.

Nous pardonnâmes de nouveau à Sâfel, qui

nous promit de ne plus fréquenter la mauvaise race. Et puis, après avoir dîné, je descendis à ma cave, une des plus belles de la ville, haute de douze pieds, longue de trente-cinq, et toute bâtie en pierres de taille, sous la grande rue. Elle était sèche comme un four et bonifiait même le vin à la longue.

Comme mes eaux-de-vie pouvaient arriver avant la fin du mois, j'arrangeai quatre grosses poutres pour les recevoir, et je m'assurai que le puits, au fond, taillé dans le roc, avait toute l'eau nécessaire aux coupages.

En remontant, vers quatre heures, j'aperçus le vieil architecte Krômer qui traversait justement la halle, son mètre sous le bras.

« Hé! venez donc un peu voir ma cave, lui dis-je; croyez-vous qu'elle tienne contre les bombes? »

Nous redescendîmes ensemble. Il regarda, mesura les pierres et l'épaisseur de la voûte avec son mètre, et me dit :

« Vous avez six pieds de terre sur la clef; quand les bombes entreront ici, Moïse, ce sera fait de nous tous. Vous pouvez dormir sur les deux oreilles. »

Nous prîmes ensuite un bon verre de vin au robinet, et nous remontâmes tout joyeux.

Comme nous mettions le pied sur le pavé, une porte s'ouvrait avec fracas dans la grande rue, des vitres sautaient, et Krômer me disait en levant le nez :

« Regardez là-bas, Moïse, sur l'escalier des Camus, quelque chose se passe. »

Alors nous, étant arrêtés, nous vîmes au haut de l'escalier à double rampe, un sergent de vétérans en capote grise, le fusil en bandoulière, qui traînait au collet le père Camus. Le pauvre vieux se cramponnait des deux mains à la porte, pour ne pas descendre; il parvint même à se lâcher, en arrachant le collet de sa camisole, et la porte se referma comme un coup de tonnerre.

« Si la guerre commence maintenant entre les bourgeois et la troupe, dit Krômer, les Allemands et les Russes auront beau jeu.

Le sergent, voyant la porte fermée et verrouillée à l'intérieur, voulut l'enfoncer à coups de crosse, et cela produisit un grand vacarme; les voisins sortaient, les chiens aboyaient. Nous regardions toujours, quand Burguet s'avança de l'allée en face et se mit à parler au sergent avec force. D'abord cet homme ne parut pas l'écouter; mais au bout d'un instant, il releva son fusil d'un mouvement brusque sur l'épaule et descendit la rue, le dos rond, l'air sombre et furieux. Il passa près de nous comme un sanglier. C'était un vétéran à trois chevrons, brun, la moustache grise, de grosses rides droites le long des joues, le menton carré. Il grommelait en passant et entra dans la petite auberge des Trois-Pigeons.

Burguet suivait de loin, son large chapeau sur les sourcils, bien enveloppé dans sa grosse capote de castorine, le col relevé et les mains dans les manches. Il souriait.

« Eh bien, lui dis-je, qu'est-ce qui s'est donc passé là-bas chez les Camus?

— Ah! dit-il, c'est le sergent Trubert, de la 5e compagnie de vétérans, qui vient encore de faire des siennes. Ce gaillard-là veut que tout aille au doigt et à la baguette. Depuis quinze jours, il a passé par cinq logements et n'a pu s'entendre avec personne. Tout le monde s'est plaint de lui; mais il avait toujours des raisons que le gouverneur et le commandant trouvaient excellentes.

— Et chez Camus?

— Camus n'a pas trop de place pour loger son monde. Il voulait envoyer le sergent à l'auberge; mais le sergent avait déjà choisi le lit de Camus pour se coucher, il avait déployé sa capote dessus et disait : « Mon billet de logement est pour ici; je me trouve bien, et je ne vais pas ailleurs. » Le vieux Camus se fâcha, et finalement, comme vous venez de le voir, le sergent essaya de le traîner dehors pour le rosser. »

Burguet riait, mais Krômer dit :

« Oui, tout cela fait rire. Et pourtant quand on pense à ce que des gens pareils ont dû faire de l'autre côté du Rhin...

— Ah! s'écria Burguet, ce n'était pas gai pour les Allemands, j'en suis sûr. Mais voici l'heure d'aller lire le journal. Dieu veuille que le moment de payer nos vieilles dettes ne soit pas encore arrivé! Bonsoir, messieurs. »

Il continua sa route du côté de la place. Krômer prit le chemin de sa maison, et moi je fermai les deux portes de ma cave; après quoi, je montai chez nous.

Cela se passait le 10 décembre. Il faisait déjà très-froid. Tous les soirs, après cinq ou six heures, les toits et les pavés se couvraient de givre. On n'entendait plus de bruit dehors, parce que les gens se tenaient chez eux, autour du poêle.

Je trouvai Sorlé dans la cuisine, en train de préparer le souper. La flamme rouge tourbillonnait sur l'âtre, autour de la marmite. Ces choses sont devant mes yeux, Fritz : la mère qui lave les assiettes sur la pierre de l'évier, près de la fenêtre grise, le petit Sâfel qui souffle dans le grand tuyau de fer, les joues rondes comme une pomme, ses grands cheveux crépus ébouriffés, et moi tranquillement assis sur l'escabeau, une braise dans ma main pour allumer ma pipe; — oui, c'est comme hier!

Nous ne disions rien. Nous étions heureux de penser à l'eau-de-vie qui venait, aux garçons qui faisaient leurs affaires, au bon souper qui cuisait. Et qui jamais aurait pensé, dans un pareil moment, que vingt-cinq jours après la ville serait entourée d'ennemis et que des obus siffleraient dans l'air?

VI

Maintenant, Fritz, je vais te raconter une chose qui m'a souvent fait penser que l'Éternel se mêle de nos affaires, et qu'il conduit tout pour le mieux. Dans les premiers moments, on trouve cela terrible, on s'écrie :

« Seigneur, ayez pitié de nous! »

Et plus tard on s'étonne de voir que tout a bien marché.

Tu sais que le secrétaire de la mairie Frichard m'en voulait. C'était un petit vieux, sec, jaune, la perruque rousse, les oreilles plates et les joues creuses. Ce gueux ne songeait qu'à me nuire, et bientôt il en trouva l'occasion.

Plus le blocus approchait, plus les gens cherchaient à vendre, et le lendemain même des bonnes nouvelles que j'avais reçues d'Amérique, un vendredi, jour de marché, tant d'Alsaciens et de Lorrains arrivèrent avec leurs grandes hottes et leurs paniers d'œufs frais, de beurre, de fromage, de volaille, etc., que la place en était encombrée.

Tout ce monde voulait avoir de l'argent, pour le cacher dans sa cave ou sous un arbre du bois voisin, car tu sauras qu'en ce temps de grandes sommes ont été perdues : des trésors qu'on retrouve d'année en année, au pied d'un chêne ou d'un hêtre, et qui viennent de la peur qu'on avait des Allemands et des Russes, en songeant qu'ils allaient tout piller et ravager, comme nous avions fait chez eux. Les gens sont morts, ou bien ils n'ont plus trouvé la place de leur argent, voilà pourquoi tout est resté dans la terre.

Enfin ce jour-là, 11 décembre, il faisait très-froid, la gelée vous entrait jusqu'à la moelle des os, mais il ne tombait pas encore de neige. Je descendis de grand matin en grelottant, ma camisole de laine bien boutonnée et le bonnet de loutre tiré sur la nuque.

La petite et la grande place fourmillaient déjà de monde criant et se disputant sur les prix. Je n'eus que le temps d'ouvrir ma boutique et de pendre ma grosse balance à la voûte ; des quantités de paysans stationnaient sur la porte, demandant les uns des clous, les autres du fer à forger, et quelques-uns apportant leur propre ferraille, dans l'espoir de la vendre.

On savait que, si les ennemis arrivaient, il n'y

aurait plus moyen d'entrer en ville, et c'est pourquoi toute cette foule venait, les uns vendre et les autres acheter.

J'ouvris donc, et je me mis à peser. On entendait dehors passer les rondes; les postes étaient déjà doublés partout, les ponts-levis en bon état et les barrières de l'avancée ferrées à neuf. On n'avait pas encore déclaré l'état de siége, mais nous étions comme l'oiseau sur la branche : les dernières nouvelles de Mayence, de Sarrebruck et de Strasbourg annonçaient l'arrivée des alliés sur l'autre rive du Rhin !

Moi, je ne songeais qu'à mes eaux-de-vie, et tout en vendant, en pesant, en touchant l'argent, cette idée ne me quittait pas ; elle était en quelque sorte plantée entre mes deux sourcils.

Cela durait depuis environ une heure, quand tout à coup Burguet parut à ma porte, sous la petite voûte, derrière la masse de paysans pressés, et me dit :

« Moïse, venez une minute, j'ai quelque chose à vous dire. »

Je sors.

« Entrons dans votre allée, » me dit-il.

J'étais tout étonné, car il avait l'air grave. Les paysans, derrière, criaient :

« Nous n'avons pas de temps à perdre, dépêche-toi, Moïse! »

Mais je n'écoutais rien. Dans l'allée, Burguet me dit :

« J'arrive de la mairie, où l'on s'occupe de rédiger un rapport au préfet sur l'esprit de notre population, et je viens d'apprendre par hasard qu'on vous envoie le sergent Trubert à loger. »

Ce fut un véritable coup pour moi; je m'écriai :

« Je n'en veux pas... je n'en veux pas! Depuis quinze jours, j'ai logé six hommes, ce n'est pas mon tour. »

Il me répondit :

« Calmez-vous et ne criez pas, vous ne feriez qu'empirer votre affaire. »

Je répétais :

« Jamais... jamais ce sergent n'entrera chez moi, c'est une abomination!... Un homme comme moi, tranquille, qui n'a jamais fait de mal à personne, qui ne demande que la paix!... »

Et comme je criais, Sorlé, son panier sous le bras pour aller au marché, descendit en demandant ce que c'était. Alors Burguet lui dit :

« Écoutez, madame Sorlé, soyez plus raisonnable que votre mari. Je comprends son indignation, et pourtant, quand une chose est inévitable, il faut courber la tête. Frichard vous en veut, il est secrétaire de la mairie, il distribue les billets de logement d'après une liste. Eh bien, il vous envoie le sergent Trubert, un homme violent, mauvais, j'en conviens, mais qui veut être logé comme les autres. A tout ce que j'ai dit en votre faveur, Frichard répondait toujours : « Moïse est riche... Il a fait échapper ses garçons de la conscription..., il doit payer pour eux. » Le maire, le gouverneur, tout le monde lui donnait raison. Ainsi, voyez!... Je vous parle en ami, plus vous résisterez, plus le sergent vous fera d'avanies, plus Frichard rira; vous n'aurez point de recours... Soyez raisonnables! »

Ma colère, en apprenant que je devais ces misères à Frichard fut encore plus grande; je voulus crier, mais ma femme me posa la main sur le bras en disant :

« Laisse-moi parler, Moïse. Monsieur Burguet a raison, je le remercie beaucoup de nous avoir prévenus. Frichard nous en veut... c'est bon!... tout sera sur son compte, et nous réglerons plus tard. Maintenant, quand le sergent doit-il venir?

— A midi, répondit Burguet.

— C'est bien, dit ma femme, il a droit au logement, au feu et à la chandelle; nous ne pouvons pas aller contre, mais Frichard payera tout cela. »

Elle était pâle, et je l'écoutais, voyant bien qu'elle avait raison.

« Calme-toi, Moïse, me dit-elle ensuite, et ne crie pas; laisse-moi faire.

— Enfin, voilà ce que j'avais à vous dire, fit Burguet, c'est un tour abominable de Frichard. Je verrai par la suite s'il est possible de vous débarrasser du sergent. A cette heure, je retourne à mon poste. »

Sorlé venait de partir pour le marché. Burguet me serra la main, et comme les paysans redoublaient leurs cris, je fus bien forcé de retourner à ma balance.

La colère me possédait. Je vendis en ce jour pour plus de deux cents francs de fer, mais mon indignation contre Frichard et la peur que j'avais du sergent ne me laissaient jouir de rien ; j'aurais vendu dix fois plus, que cela ne m'aurait pas calmé.

« Ah! le brigand! me disais-je en moi-même, il ne me laisse pas de repos, je n'aurai pas de tranquillité dans cette ville. »

Sur le coup de midi, comme le marché finissait et que les gens s'en allaient par la porte de France, je refermai ma boutique et je montai chez nous en pensant :

« Je ne serai plus rien dans ma propre maison, ce Trubert va se faire maître chez nous. Il nous traitera de haut en bas, comme des Allemands ou des Espagnols. »

J'étais désolé. Mais au milieu de cette désolation, sur l'escalier, je sentis tout à coup une bonne odeur de cuisine, et je me redressai tout surpris, car c'était une odeur de poisson et de rôti, comme les jours de fête.

J'allais ouvrir la cuisine, quand Sorlé parut en me disant :

« Entre dans ton cabinet, fais-toi la barbe et mets une chemise propre. »

En même temps je vis qu'elle s'était aussi habillée comme pour un jour de sabbat, avec ses boucles d'oreilles, sa jupe verte et son fichu de soie rouge.

« Mais pourquoi donc, Sorlé, faut-il faire ma barbe ? m'écriai-je.

— Va... va... dépêche-toi, nous n'avons pas de temps à perdre, » répondit-elle.

Cette femme avait tant de bon sens, elle nous avait tant de fois tiré de méchantes affaires par son esprit, que je ne dis plus rien, et que j'allai me faire la barbe et mettre une chemise blanche dans ma chambre à coucher.

Comme je mettais ma chemise, j'entendis le petit Sâfel crier :

« C'est lui, *memmé*, le voilà ! »

Puis des pas montèrent l'escalier, et quelqu'un se mit à dire d'un ton rude et brusque :

« Holà !... vous autres... hé ! »

Je pensai : « C'est le sergent, » et j'écoutai.

« Hé ! voici notre sergent ! s'écria Sâfel d'un air de triomphe.

— Ah ! tant mieux, répondit ma femme d'une voix agréable. Entrez, monsieur le sergent, entrez. Nous vous attendions. Je savais que nous aurions l'honneur d'avoir un sergent; ça nous faisait un bien grand plaisir, parce que nous n'avons jamais eu que de simples soldats. Donnez-vous la peine d'entrer, monsieur le sergent. »

C'est ainsi qu'elle parlait, d'un air de contentement, et je pensais :

« O Sorlé, Sorlé ! femme d'esprit, femme de bon sens ! Maintenant tout est clair, je vois ta finesse... Tu veux adoucir ce mauvais gueux ! Ah ! quelle femme tu as, Moïse ! Réjouis-toi, réjouis-toi. »

Je me dépêchais de m'habiller, riant en moi-même ; et j'entendis l'autre, cette bête de sergent, dire :

« Oui, oui, c'est bon !... Mais il ne s'agit pas de ça ! Voyons ma chambre, mon lit. On ne me paie pas avec de belles paroles, moi ; le sergent Trubert est connu.

— Tout de suite, monsieur le sergent, tout de suite, lui répondit ma femme. Voici votre chambre et votre lit. Voyez, c'est ce que nous avons de mieux. »

Alors ils rentraient dans l'allée, et j'entendais

Sorlé ouvrir la porte de la belle chambre où nous logions Baruch et Zeffen, quand ils venaient à Phalsbourg.

Je m'approchai tout doucement. Le sergent enfonçait le poing dans le lit, pour voir s'il était tendre ; Sorlé et Sâfel, derrière, regardaient en souriant. Il inspectait tous les coins en fronçant les sourcils. Jamais, Fritz, tu n'as vu de figure pareille : la moustache grise hérissée, le nez mince, long, recourbé sur la bouche, le teint jaunâtre, avec de grosses rides ; il traînait la crosse de son fusil sur le plancher, sans faire attention à rien, et murmurait je ne sais quoi, de mauvaise humeur :

« Hum !... hum !... Qu'est-ce que c'est que ça, là-bas ?

— C'est la cuvette pour se laver, monsieur le sergent.

— Et ces chaises, est-ce que c'est solide ?... Est-ce que ça tient ? »

Il tapait les chaises brusquement à terre. On voyait qu'il aurait voulu trouver quelque chose à redire.

En se retournant, il me vit, et, me regardant de travers :

« Vous êtes le bourgeois ? fit-il.

— Oui, sergent, c'est moi.

— Ah ! »

Il posa son fusil dans un coin, jeta son sac sur la table et dit :

« Ça suffit !... Qu'on me laisse. »

Sâfel venait d'ouvrir la cuisine, la bonne odeur du rôti entrait dans la chambre.

« Monsieur le sergent, dit Sorlé d'un air agréable, pardonnez-moi, j'aurais quelque chose à vous demander.

— Vous ! fit-il en la regardant par-dessus l'épaule, quelque chose à me demander ?

— Mais oui. Ce serait de nous faire le plaisir, puisque vous logez maintenant chez nous et que vous serez en quelque sorte de la famille, d'accepter au moins une fois notre dîner.

— Ah ! ah ! dit-il en tournant le nez du côté de la cuisine, c'est différent. »

Il avait l'air de réfléchir, pour savoir s'il nous ferait cette grâce. Nous attendions ce qu'il allait répondre, lorsqu'il renifla de nouveau et dit en jetant sa giberne sur le lit :

« Allons... soit !... nous allons voir ça !... »

Je pensais :

« Canaille, si je pouvais te faire manger des pommes de terre !... »

Mais Sorlé paraissait contente et lui disait :

« Par ici, monsieur le sergent, par ici, s'il vous plaît. »

En entrant dans la salle à manger, je vis que

tout était préparé comme pour un prince : le plancher balayé, la table mise avec soin, la nappe blanche, et nos couverts d'argent près des assiettes.

Sorlé fit asseoir le sergent au haut de la table, dans mon fauteuil, il trouvait cela tout naturel.

Notre servante apporta la grande soupière et leva le couvercle ; l'odeur d'une bonne soupe à la crème se répandit dans la chambre, et le dîner commença.

Fritz, je pourrais te raconter ce dîner en détail ; mais, tu peux me croire, jamais ni toi, ni moi n'en avons mangé de meilleur. Nous avions une oie rôtie, un brochet magnifique, de la choucroute, enfin tout ce qu'on peut souhaiter pour un grand et beau dîner ; et tout était accommodé par Sorlé dans la dernière perfection. Nous avions aussi quatre bouteilles de beaujolais chauffées dans des serviettes, comme il convient en hiver, et du dessert en abondance.

Eh bien ! croirais-tu que le gueux ait fait une seule fois la mine de trouver cela bon ? Croirais-tu que pendant ce dîner, qui dura jusque vers deux heures, l'idée lui soit venue une seule fois de dire : « Ce brochet est excellent ! » ou : « Cette oie grasse est bien accommodée ! » ou bien encore : « Vous avez de très-bon vin ! » ou quelque autre chose qu'on sait faire plaisir à ceux qui nous régalent, et qui récompense une bonne cuisinière de ses peines ?... Eh bien ! non, Fritz, pas une seule fois ! On aurait dit qu'il avait l'habitude de faire des dîners pareils. Et même, plus ma femme le flattait, plus elle lui donnait de bonnes paroles, plus il se rebiffait, plus il fronçait le sourcil, plus il nous observait tous d'un air de défiance, comme si nous avions voulu l'empoisonner.

De temps en temps, je regardais Sorlé tout indigné ; mais elle riait toujours, elle donnait toujours les meilleurs morceaux au sergent, elle remplissait toujours son verre.

Deux ou trois fois je voulus m'écrier :

« Ah ! Sorlé, comme tu fais bien la cuisine !... Ah ! que cette farce est bonne !... » Mais tout de suite le sergent me regardait en dessous, comme pour dire : « Qu'est-ce que ça signifie ? Est-ce que tu veux me donner des leçons, par hasard ? Est-ce que je ne sais pas mieux que toi si c'est bon ou mauvais ? »

Et je me taisais. J'aurais voulu le voir à tous les diables ; tous les morceaux qu'il avalait en silence m'indignaient de plus en plus. Malgré cela, l'exemple de Sorlé m'encourageait à faire bonne mine, et vers la fin je pensais :

« Maintenant, puisque le dîner est mangé... puisque c'est presque fini... continuons à la grâce de Dieu. Sorlé s'est trompée, mais c'est égal, son idée était bonne, excepté pour un gueux pareil ! »

Et c'est moi-même qui dis d'apporter le café. J'allai aussi chercher les bouteilles de kirschenwasser et de vieux rhum dans l'armoire ; le sergent demanda :

« Qu'est-ce que c'est ?

— C'est du rhum et du kirschenwasser, du vieux kirschenwasser de la forêt Noire, lui répondis-je.

— Ah ! fit-il en clignant de l'œil, chacun dit : « J'ai du kirschenwasser de la forêt Noire ! » C'est facile à dire, mais on ne trompe pas le sergent Trubert ; nous allons voir ça ! »

En prenant le café, il remplit deux fois son verre de kirschenwasser, et chaque fois il dit :

« Hé ! hé ! reste à savoir si c'est du vrai !... »

J'aurais voulu lui jeter la bouteille à la tête.

Comme Sorlé allait lui verser un troisième verre, il se leva, disant :

« C'est assez... merci ! Les postes sont doublés... ce soir, je serai de garde à la porte de France. Enfin, le dîner n'était pas mauvais. Si vous m'en donnez de pareils de temps en temps, nous pourrons nous entendre. »

Il ne riait pas, et même il avait encore l'air de se moquer de nous.

« On fera son possible, monsieur le sergent, répondit Sorlé, pendant qu'il rentrait dans sa chambre et qu'il prenait sa capote pour sortir.

— Nous verrons, fit-il en descendant l'escalier, nous verrons ! »

Jusqu'alors je n'avais rien dit, mais quand il fut en bas, je m'écriai :

« Sorlé, jamais, non jamais on n'a vu de gueux pareil, jamais nous ne pourrons nous entendre avec cet homme; il nous fera tous sauver de la maison.

— Bah ! bah ! Moïse, répondit-elle en riant, je ne pense pas comme toi. J'ai justement l'idée contraire ; nous serons bons amis, tu verras, tu verras !

— Ah ! Dieu t'entende ! lui dis-je, mais je n'ai pas confiance. »

Elle riait en levant la nappe, et elle me donnait tout de même un peu d'espérance, car cette femme avait une grande finesse, et je reconnaissais en elle un grand jugement.

VII

Tu vois, Fritz, ce que les bourgeois avaient à supporter en ce temps. Eh bien! c'est quand on payait des corvées extraordinaires, c'est quand Monborne me commandait à l'exercice, quand le sergent Trubert me tombait sur le dos, quand on parlait déjà de visites domiciliaires pour reconnaître si les gens avaient des vivres, c'est au milieu de tout cela que mes douze pipes d'esprit arrivaient lentement par le roulage ordinaire.

Ah! que je me repentais de les avoir demandées! Combien de fois j'aurais voulu m'arracher les cheveux, en songeant que la moitié de ce que j'avais gagné depuis trente ans marchait à la grâce de Dieu! Comme je faisais des vœux pour l'Empereur! Comme je courais chaque matin dans les cafés et les brasseries pour apprendre les nouvelles, et comme je tremblais en les lisant!

Jamais personne ne saura ce que j'ai souffert,

pas même Sorlé, car je lui cachais tout. Elle avait l'esprit trop clair pour ne pas voir mes inquiétudes, et quelquefois elle me disait :

« Allons, Moïse, du courage ! Tout ira bien.... Encore un peu de patience. »

Mais les bruits qui nous arrivaient d'Alsace, de la Lorraine allemande et du Hundsruck me bouleversaient : « Ils viennent ! — Ils n'oseront pas ! — Nous sommes prêts ! — Nous allons être surpris ! — La paix va se faire ! — Ils passeront demain ! — Nous n'aurons pas de campagne d'hiver ! — Ils ne peuvent plus tarder ! — l'Empereur est encore à Paris ! — Le maréchal Victor est à Huningue ! — On embrigade les douaniers, les gardes forestiers et les gendarmes ; on prend tout ! — Des dragons d'Espagne ont descendu hier la côte de Saverne ! — Les montagnards défendront la chaîne des Vosges ! — On livrera bataille en Alsace ! etc., etc... » Tiens, Fritz, la tête vous en tournait : le matin, un coup de vent passait, et l'on était joyeux ; le soir, un autre coup de vent passait, et l'on était triste.

Et mes eaux-de-vie approchaient toujours ; elles arrivaient au milieu de cette bataille de nouvelles, qui pouvait changer du jour au lendemain, en bataille à coups de boulets et d'obus. Sans tous mes autres soucis, j'en serais devenu fou. Heureusement l'indignation que j'avais contre Monborne et les autres gueux me détournait de ces pensées.

Tout le jour du grand dîner et la nuit suivante nous n'entendîmes plus parler du sergent Trubert, il était de garde; mais le lendemain, comme je me levais, le voilà qui monte, son fusil sur l'épaule; il ouvre la porte et se met à rire, les moustaches toutes blanches de givre. — Moi, qui venais de mettre ma culotte, je le regardais tout saisi. Ma femme était encore dans la chambre à coucher.

« Hé! hé! père Moïse, dit-il d'un ton de bonne humeur, il a fait rudement froid cette nuit. »

Il n'avait plus la même voix ni la même mine.

« Oui, sergent, lui répondis-je, nous sommes en décembre, c'est tout naturel.

— C'est naturel, dit-il, raison de plus pour prendre une goutte! Voyons, est-ce qu'il reste du vieux kirschenwasser? »

En me parlant, il me regardait jusqu'au fond de l'âme. Je me levai tout de suite du fauteuil, et je courus chercher la bouteille, en m'écriant :

« Oui, oui, sergent, il en reste. Tenez, régalez-vous! »

Pendant que je disais cela, sa figure, encore un peu dure, devint tout à fait riante. Il posa son fusil dans un coin, et debout, il me tendit le verre en disant :

« Versez-moi, père Moïse, versez-moi ! »

Je lui versai la pleine rasade. Et comme je versais, il rit tout bas : des centaines de rides au coin des yeux, autour des joues, des moustaches et du menton plissaient sa figure jaune. On ne l'entendait pas rire, mais la bonne humeur était peinte dans ses yeux.

« Du fameux kirsch ! du vrai, celui-là, père Moïse, dit-il en buvant. On s'y connaît... on en a bu dans la forêt Noire, et qui ne coûtait rien ! Est-ce que vous ne trinquez pas avec moi ? »

Je lui répondis :

« Avec plaisir. »

Et nous trinquâmes. Il m'observait toujours. Tout à coup il me dit en me regardant du haut en bas avec malice :

« Hé ! père Moïse, dites donc, je vous ai fait peur hier, hein ? »

Il clignait des yeux.

« Oh !... sergent...

— Allons, allons, s'écria-t-il en me posant la main sur l'épaule. Voyons, avouez que je vous ai fait peur. »

Il riait d'un air si content, que je ne pus m'empêcher de lui répondre :

« Eh bien ! oui, un peu !...

« — Hé ! hé ! hé ! je le savais bien, fit-il. On vous avait dit : « Le sergent Trubert est un dur-àcuire ! » Vous avez eu peur, et vous m'avez fait un bon dîner, un dîner de prince pour m'amadouer ! »

Il riait tout haut, et j'avais fini par rire aussi, nous riions tous les deux. Sorlé, de la chambre voisine, ayant entendu cela, vint sur la porte en disant :

— Bonjour, monsieur le sergent. »

Alors il s'écria :

« Père Moïse, voilà ce qui s'appelle une femme ! Vous pouvez vous vanter d'avoir une fière femme, une femme maligne, plus maligne que vous, père Moïse ; hé ! hé ! hé ! il faut ça... il faut ça ! »

Sorlé était toute réjouie.

« Oh ! monsieur le sergent, dit-elle, pouvez-vous croire ?...

— Bah ! bah ! cria-t-il, vous êtes une maîtresse femme ; j'ai vu ça en arrivant et je me suis dit : « Attention, Trubert !... on te fait bonne mine... c'est une ruse de guerre pour t'envoyer coucher à l'auberge... Laissons l'ennemi démasquer ses batteries ! » Ah ! ah ! ah ! vous êtes de braves gens... vous m'avez fait dîner comme un maréchal de l'Empire. — Maintenant, père Moïse, je m'invite à prendre de temps en temps avec vous un petit verre de kirsch. Mettez la bouteille à part, c'est du bon ! Et, quant au reste, la chambre que vous m'avez donnée est trop belle, je n'aime pas toutes ces fanfreluches; ces beaux meubles, ces lits tendres, c'est bon pour les femmes. Moi, ce qu'il me faut, c'est une petite chambre comme celle à côté, deux bonnes chaises, une table en sapin, un lit simple avec son matelas, sa paillasse et sa couverture, et cinq ou six clous au mur pour accrocher mes effets. Vous allez me donner cela.

— Puisque vous le voulez, monsieur le sergent...

— Oui, je le veux; la belle chambre sera pour la parade.

— Vous déjeunerez avec nous? dit ma femme, bien contente.

— Je déjeune et je dîne à la cantine, répondit le sergent. J'y suis bien, et je n'aime pas que de braves gens fassent des frais pour moi. Quand on a les égards qu'on doit à un vieux soldat, quand on montre de la bonne volonté, quand on est comme vous, Trubert est aussi ce qu'il doit être.

— Mais, monsieur le sergent, reprit Sorlé...

— Appelez-moi sergent, dit-il. Je vous connais maintenant. Vous ne ressemblez pas à toute cette canaille de la ville : des gueux qui se sont enrichis pendant que nous étions à nous battre, des misérables qui ne faisaient qu'entasser et s'étendre aux dépens des armées, qui vivaient de nous, qui nous doivent tout, et qui nous envoient coucher dans des nids de punaises! Ah ! mille millions de tonnerres ! »

Sa figure redevint tout à fait mauvaise; ses moustaches tremblaient de colère, et je pensais :

« Quelle bonne idée nous avons eue de le bien traiter!... Sorlé n'a que de bonnes idées!... »

Mais il se radoucit tout de suite et se mit à rire, en me posant la main sur le bras et s'écriant :

« Dire que vous êtes des juifs! une espèce de race abominable, tout ce qu'il y a de plus crasseux, de plus sale, de plus ladre... Dire que vous êtes des juifs!... C'est vrai, n'est-ce pas, que vous êtes juifs ?

— Oui, monsieur, répondit Sorlé.

— Eh bien ! parole d'honneur, ça m'étonne, dit-il; j'en avais tant vu de juifs, en Pologne, en Allemagne, que je pensais : — On m'envoie chez des juifs, gare, je vais tout démolir. »

Ensuite, comme nous nous taisions, humiliés:

« Allons, ne parlons plus de ça. Vous êtes de braves gens, je serais fâché de vous faire de la peine. Père Moïse, votre main. »

Je lui donnai la main.

« Vous me plaisez, dit-il. Maintenant, madame Moïse, la chambre à côté. »

Nous le conduisîmes dans la petite chambre

qu'il voulait, et tout de suite il alla reprendre son sac dans l'autre, en criant :

« Me voilà chez de braves gens! Nous n'aurons pas de désagréments ensemble. Moi, je ne m'inquiète pas de vous; vous ne vous inquiétez pas de moi. J'entre, je sors, le jour ou la nuit : c'est le sergent Trubert, ça suffit. Et de temps en temps, le matin, nous prenons notre petit verre, c'est convenu, n'est-ce pas, monsieur Moïse?

— Oui, sergent.

— Et voici la clef de la maison, lui dit Sorlé.

— A la bonne heure... tout est en ordre; maintenant je vais faire un somme. Portez-vous bien, mes amis.

— Dormez bien, sergent. »

Nous sortîmes aussitôt, et nous l'entendîmes se coucher.

« Tu vois, Moïse, tu vois, me dit ma femme tout bas dans l'allée, tout a bien été.

— Oui, lui répondis-je, très-bien, Sorlé, très-bien, ton idée était bonne; et si maintenant les eaux-de-vie arrivent, nous serons heureux. »

VIII

Or, depuis ce moment, le sergent vivait chez nous sans déranger personne. Chaque matin, avant d'aller remplir son service, il venait s'asseoir quelques instants dans ma chambre et prendre son petit verre en causant. Il aimait à rire avec Sâfel, et nous l'appelions tous : « Notre sergent! » comme s'il avait été de la famille. Lui paraissait content de nous voir; c'était un homme soigneux, il ne permettait pas à notre *schabès-Goïé* de lui cirer les souliers; il blanchissait lui-même ses buffleteries et ne laissait pas toucher à ses armes.

Un matin que j'allais répondre à l'appel, en me rencontrant dans l'allée, il vit un peu de rouille à mon fusil et se mit à jurer comme le diable, criant :

« Ah! père Moïse, si je vous tenais dans ma compagnie, vous en verriez de dures! »

Je pensais :

« Oui, mais je n'y suis pas, Dieu merci ! Tu ne me tiens pas ! »

Sorlé, penchée sur la rampe en haut, riait de bon cœur.

Depuis ce jour, le sergent passait régulièrement l'inspection de mon fourniment ; il fallait tout récurer, démonter la batterie, nettoyer le canon, fourbir la baïonnette, comme si j'avais eu l'idée d'aller me battre. Et même quand il sut que Monborne me traitait d'âne, il voulut aussi m'apprendre l'exercice. Toutes mes représentations ne servaient à rien, il disait en fronçant le sourcil :

« Père Moïse, je ne peux pas supporter qu'un brave homme comme vous en sache moins que la canaille. En route ! »

Et nous montions au grenier. Il faisait déjà très-froid, mais le sergent se fâchait tellement quand je n'exécutais pas les mouvements avec vigueur, qu'il finissait toujours par me faire suer à grosses gouttes.

« Attention au commandement, et pas de mollesse ! » criait-il.

J'entendais Sorlé, Sâfel et la servante rire dans l'escalier, l'œil contre les lattes, et je n'osais pas tourner la tête. Enfin, c'est tout de même ce brave Trubert qui m'apprit la charge en douze temps, et qui me rendit un des premiers voltigeurs de ma compagnie.

Ah ! Fritz, tout aurait bien marché si les eaux-de-vie étaient venues ; mais au lieu de mes douze pipes d'esprit de vin, nous vîmes arriver une demi-compagnie d'artilleurs de marine et quatre cents recrues pour le dépôt du 6e léger.

Presque aussitôt le gouverneur ordonna de raser le tour de la ville à six cents mètres.

Il faut avoir vu ce ravage autour de la place : ces haies, ces palissades, ces arbres qu'on abat, ces maisonnettes qu'on démolit, et dont chacun emporte une poutre ou quelques planches ; il faut avoir vu, du haut des remparts, les petits jardins, les lignes de peupliers, les vieux arbres des vergers renversés à terre et traînés par de véritables fourmilières d'ouvriers... Il faut avoir vu ces choses pour connaître la guerre !

Le père Frise, les deux garçons Camus, les Sade, les Bossert, toutes ces familles de jardiniers et de petits cultivateurs qui vivaient à Phalsbourg, étaient les plus désolés. Je crois entendre encore les cris du vieux Frise :

« Ah ! mes pauvres pommiers ! Ah ! mes pauvres poiriers ! Je vous avais plantés moi-même voilà quarante ans. Que vous étiez beaux, et toujours couverts de bons fruits ! Ah ! mon Dieu, quel malheur ! »

Et les soldats hachaient toujours.

Vers la fin, le vieux Frise s'en alla le chapeau sur les yeux, il pleurait à chaudes larmes.

Le bruit courait aussi qu'on allait mettre le feu dans les Maisons-Rouges, au pied de la côte de Mittelbronn, à la tuilerie de Pernette, aux petites auberges de l'*Arbre-Vert* et du *Panier-Fleuri;* mais il paraît que le gouverneur trouva que ce n'était pas nécessaire, que ces maisons étaient hors de portée, ou bien qu'on gardait cela pour la fin, et que les alliés arrivèrent plus tôt qu'on ne les attendait.

Ce qui me revient encore d'avant le blocus, c'est que, le 22 décembre, vers onze heures du matin, on battit le rappel. Toute la ville croyait que c'était pour l'exercice, et je partis tranquillement, comme à l'ordinaire, mon fusil sur l'épaule; mais, en arrivant au coin de la mairie, je vis déjà les troupes de la garnison formées sous les arbres de la place.

On nous mit, comme elles, sur deux rangs; et voilà que le gouverneur Moulin, les commandants Thomas et Petitgenet, et le maire, l'écharpe tricolore autour des reins, arrivent.

On bat aux champs, ensuite le tambour-maître lève sa canne et les tambours se taisent. Le gouverneur parle; tout le monde écoute, en se répétant l'un à l'autre les paroles qu'on entend de loin

« Officiers, sous-officiers, gardes nationaux et soldats,

« L'ennemi s'est concentré sur le Rhin, il n'est plus qu'à trois journées de marche. La ville est déclarée en état de siége, les autorités civiles font place au gouvernement militaire. Le conseil de guerre est en permanence, il remplace les tribunaux ordinaires.

« Habitants de Phalsbourg, nous attendons de vous courage, dévouement, obéissance. *Vive l'Empereur !* »

Et mille cris de : « *Vive l'Empereur !* » s'élèvent au ciel.

Je frémissais jusqu'à la pointe des cheveux : mes eaux-de-vie étaient encore en route, je me regardais comme ruiné.

La distribution des cartouches, qu'on fit tout de suite, et l'ordre que reçut le bataillon d'aller piller les vivres et ramener le bétail des villages environnants, pour approvisionner la place, m'empêchèrent de réfléchir à mon malheur.

J'avais aussi à songer pour ma propre vie, car, en recevant un ordre pareil, chacun pensait que les paysans allaient se défendre, et c'est abominable d'avoir à se battre contre des gens qu'on dépouille !

J'étais tout pâle en réfléchissant à cela.

Mais quand le commandant Thomas nous cria : « Chargez ! » et que je déchirai ma première cartouche... que je la mis dans le canon... et qu'au lieu d'entendre sonner la baguette, je sentis une balle au fond !... quand on nous commanda : « Par file à gauche... gauche ! En avant... pas accéléré... marche ! » et que nous partîmes pour les Baraques-du-Bois-de-Chênes, pendant que le 1er bataillon gagnait les Quatre-Vents et Bichelberg, le 2e Wéchem et Metting ; en songeant que nous allions tout prendre, tout enlever, et que le conseil de guerre était à la mairie pour juger ceux qui ne feraient pas leur devoir, toutes ces choses nouvelles et terribles me bouleversèrent ! Je regardais de loin le village les yeux troubles, me figurant d'avance les cris des femmes et des enfants.

Vois-tu, Fritz, de prendre au pauvre paysan, à l'entrée de l'hiver, ce qui le fait vivre, de lui prendre sa vache, ses chèvres, ses porcs, enfin tout, c'est épouvantable ! et mon propre malheur me faisait encore mieux sentir celui des autres.

Et puis, tout en marchant, je songeais à ma fille Zeffen, à Baruch, à leurs enfants, et je m'écriais dans mon cœur :

« Seigneur ! Seigneur ! si les ennemis arrivent, qu'est-ce qu'ils feront dans une ville ouverte comme Saverne? On va tout leur prendre! Nous serons misérables du jour au lendemain! »

Au milieu de ces pensées qui me coupaient la respiration, je voyais déjà plusieurs paysans qui nous regardaient venir de leurs petites fenêtres sur les champs et du milieu de leur rue, sans bouger. Ils ne savaient pas ce que nous venions faire chez eux.

Six gendarmes à cheval nous précédaient; le commandant Thomas leur donna l'ordre de passer à droite et à gauche des Baraques, pour empêcher les paysans de pousser leur bétail dans le bois, lorsqu'ils sauraient que nous venions les piller.

Ils partirent au galop.

Nous arrivions alors à la première maison, où se trouve le crucifix en pierre. On nous cria :

« Halte! »

Ensuite on détacha trente hommes pour mettre des factionnaires dans les ruelles, et je fus de ce nombre, ce qui me fit plaisir, car j'aimais encore mieux être en faction, que d'entrer dans les écuries et les granges.

Comme nous défilions par la grande rue, les paysans nous demandaient :

« Qu'est-ce qui se passe? Est-ce qu'on a coupé du bois? Est-ce que vous venez faire des arrestations? »

Et d'autres choses semblables. Mais nous ne répondions rien, et nous marchions au pas accéléré.

Monborne me plaça dans la troisième ruelle à droite, près de la grande maison du père Frantz, l'éleveur d'abeilles, en arrière sur la pente du vallon. On entendait bêler les moutons et mugir les bœufs; ce gueux de Monborne disait, en clignant de l'œil :

« Il y aura gras! Nous allons étonner les Baraquins. »

Il n'avait pas de pitié des gens et me dit :

« Moïse, tu vas rester là. Si quelqu'un veut passer, croise la baïonnette. Si l'on fait résistance, pique hardiment et puis tire. Il faut que force reste à la loi. »

Je ne sais pas où ce savetier avait entendu cela; mais il me laissa dans la ruelle, entre deux haies toutes blanches de givre, et poursuivit son chemin avec le reste du piquet.

J'attendis donc en cet endroit près de vingt minutes, me demandant ce que je ferais si les paysans voulaient sauver leur bien, et me disant qu'il vaudrait mieux tirer sur le bétail que sur les gens.

J'étais dans un grand trouble et j'avais froid, quand les cris éclatèrent. Presque en même temps commença le roulement du tambour. Les hommes entraient dans les écuries et chassaient le bétail dehors. Les Baraquins juraient, pleuraient; quelques-uns voulaient se défendre. — Le commandant Thomas criait :

« Sur la place! Poussez sur la place! »

Des vaches se sauvaient à travers les haies, enfin c'était un tumulte qu'on ne peut se figurer, et je m'estimais heureux de n'être pas au milieu de ce pillage; mais cela ne dura pas longtemps, car tout à coup une bande de chèvres, poussées par deux vieilles femmes, enfila la ruelle pour descendre au vallon.

Alors il fallut bien croiser la baïonnette et crier :

« Halte! »

Une des femmes, la mère Migneron, me connaissait; elle avait une fourche et me dit toute pâle :

« Moïse, laisse-moi passer! »

Je voyais qu'elle s'approchait tout doucement pour me renverser avec sa fourche. L'autre essayait de faire entrer les chèvres dans un petit jardin à côté, mais les palissades étaient trop serrées et la haie trop haute.

J'aurais bien voulu les laisser descendre et dire que je n'avais rien vu, malheureusement le lieutenant Rollet arrivait derrière et criait :

« Attention! »

Et deux hommes de la compagnie suivaient :

le grand Mâcry et Schweyer, le brasseur.

La vieille Migneron, voyant que je croisais la baïonnette, se mit à dire en grinçant des dents :

« Ah ! gueux de juif, tu me le paieras ! »

Elle était tellement indignée, que mon fusil ne lui faisait pas peur, et que trois fois, avec sa fourche, elle essaya de me piquer; mais alors je vis que l'exercice est bon à quelque chose, car je parai tous ses coups.

Deux chèvres me passèrent entre les jambes, les autres furent prises. On repoussa les vieilles, on cassa leur fourche, et finalement les camarades regagnèrent la grande rue, pleine de bétail qui mugissait et donnait des coups de pied.

La vieille Migneron, assise dans la haie, s'arrachait les cheveux.

Et voilà que deux vaches arrivent encore, la queue en l'air, sautant par-dessus les palissades, elles renversent tout : les paniers d'abeilles et le vieux rucher. Par bonheur, c'était l'hiver, les abeilles restèrent comme mortes dans les paniers, sans cela, je crois qu'elles auraient mis notre bataillon en déroute.

La corne du *hardier* (1) sonnait dans le village. On était allé le mettre en réquisition au nom de la loi. Ce vieux *hardier* Nickel passa

(1) Pâtre.

dans la grande rue, et les bêtes se calmèrent; on put les ranger en ordre. Je les vis défiler devant la ruelle : les bœufs et les vaches en tête, les chèvres ensuite et les cochons derrière.

Les Baraquins suivaient en lançant des pierres et jetant des bâtons. Je voyais déjà que, si l'on m'oubliait, ces malheureux tomberaient sur moi, et que je serais massacré; mais le sergent Monborne vint me relever avec les autres camarades. Tous riaient et disaient :

« Nous les avons tondus! Il ne reste plus une chèvre aux Baraques, nous avons tout pris d'un seul coup de filet. »

Nous pressions le pas pour rejoindre la colonne, qui marchait sur deux lignes à droite et à gauche du chemin : le troupeau dans le milieu, notre compagnie derrière, et Nickel avec le commandant Thomas en tête. Cela formait une file d'au moins trois cents pas. On avait attaché sur chaque bête quelques bottes de foin pour les nourrir.

C'est ainsi que nous repassâmes lentement dans l'allée du cimetière.

Sur les glacis, on fit halte, on resserra le troupeau, et l'ordre arriva de le faire descendre dans les fossés, derrière l'arsenal.

Nous étions les premiers revenus; nous avions ramené treize bœufs, quarante-cinq vaches, une quantité de chèvres et de cochons, et quelques moutons.

Tout ce jour, les compagnies rentrèrent avec leur butin, de sorte que les fossés étaient remplis de bétail, qui vivait en plein air. Alors le gouverneur dit que la garnison avait des vivres pour six mois, que chaque habitant devait prouver qu'il en avait pour autant, et que les visites domiciliaires allaient commencer.

On nous avait fait rompre les rangs devant l'hôtel de ville. Je montais la grande rue, mon fusil sur l'épaule, quand quelqu'un m'appela.

« Hé ! père Moïse ! »

Je me retourne, c'était notre sergent.

« Eh bien ! dit-il en riant, vous venez de faire votre premier coup de main, vous nous avez ramené des vivres. A la bonne heure !

— Oui, sergent, c'est bien triste !

— Comment, triste? Treize bœufs, quarante-cinq vaches, des cochons et des chèvres, c'est magnifique !

— Sans doute, mais si vous aviez entendu les cris de ces pauvres gens... si vous aviez vu !...

— Bah ! bah ! fit-il; *primo*, père Moïse, il faut que le soldat vive, il faut que les hommes aient leur ration, pour se battre. J'en ai vu bien d'autres en Allemagne, en Espagne et en Italie ! Le paysan est égoïste, il veut garder son bien, il ne regarde pas à l'honneur du drapeau, c'est de la racaille ! Ce serait en quelque sorte pire que le bourgeois, si l'on avait la bêtise de l'écouter : il faut déployer de la vigueur.

— Nous en avons déployé, sergent, lui répondis-je, mais si j'étais le maître, nous n'aurions pas dépouillé ces malheureux ; ils sont déjà bien assez à plaindre.

— Vous êtes trop bon, père Moïse, fit-il, et vous croyez que les autres vous ressemblent. Mais il faut toujours penser que les paysans, les bourgeois, les gens de loi ne vivent que sur le militaire, et qu'ils profitent de tout sans vouloir rien payer. Si l'on vous écoutait, nous péririons de faim dans cette bicoque ; les paysans nourriraient les Russes, les Autrichiens, les Bavarois à nos dépens ; ce tas de gueux se gobergeraient matin et soir, et nous autres, nous aurions les dents longues comme des rats d'église. Ça ne peut pas aller, ça n'a pas de bons sens ! »

Il riait tout haut. Nous étions arrivés dans notre allée, je montais l'escalier.

« C'est toi, Moïse ? me dit Sorlé dans l'obscurité, car la nuit commençait à venir.

— Oui, c'est le sergent et moi, lui répondis-je.

— Ah ! bon, fit-elle, je t'attendais. »

Et le sergent s'écria :

« Madame Moïse, maintenant votre mari peut

se vanter d'être un vrai soldat; il n'a pas encore vu le feu, mais il a déjà croisé la baïonnette.

— Ah! dit Sorlé, je suis bien contente de le voir revenu. »

Dans la chambre, à travers les petits rideaux blancs de la porte, brillait la lampe, et l'on sentait que la soupe était servie. — Le sergent entra chez lui, comme à l'ordinaire, et nous dans notre chambre. Sorlé me regardait avec ses grands yeux noirs, elle voyait ma pâleur et savait bien ce que je pensais. Elle m'ôta la giberne et prit mon fusil, qu'elle déposa dans le cabinet.

« Où donc est Sâfel? lui demandai-je.

— Il doit encore être sur la place; je l'avais envoyé voir si vous étiez rentrés. Mais écoute, il remonte. »

Alors j'entendis l'enfant monter l'escalier; presque aussitôt il ouvrit la porte et vint m'embrasser tout joyeux.

Nous nous mîmes à table, et, malgré ma grande tristesse, je mangeai de bon appétit, n'ayant rien pris depuis le matin.

Tout à coup Sorlé me dit :

« Si la facture n'arrive pas avant qu'on ait fermé les portes de la ville, nous ne devrons rien, car tout reste aux risques du marchand jusqu'à ce qu'on ait pris livraison. Il faut aussi la lettre de voiture.

— Oui, lui répondis-je, et ce sera juste; M. Quataya, au lieu de nous envoyer les esprits tout de suite, a mis huit jours à nous répondre. S'il avait expédié les douze pipes le jour même ou le lendemain, elles seraient ici. La faute du retard ne doit pas retomber sur nous. »

Tu vois, Fritz, dans quelles inquiétudes nous étions; mais comme le sergent vint ensuite fumer sa pipe au coin du poêle, selon son habitude, nous ne dîmes plus rien de cela.

Je parlai seulement de mes craintes au sujet de Zeffen, de Baruch et de leurs enfants, dans une ville ouverte comme Saverne. Le sergent cherchait à me rassurer, disant que dans des endroits pareils on fait bien toute sorte de réquisitions en vins, eaux-de-vie, viandes, voitures, charrettes et chevaux, mais qu'à moins de résistance, on laisse les gens tranquilles, et qu'on tâche même de bien vivre avec eux.

Nous restâmes à causer jusque vers dix heures. Le sergent, qui devait être de garde à la porte d'Allemagne, étant sorti, nous allâmes enfin nous coucher.

C'était la nuit du 22 au 23 décembre, une nuit très-froide.

IX

Le lendemain, au petit jour, quand je poussai les volets de notre chambre, tout était blanc de neige : les vieux ormes de la place, la grande rue, les toits de la mairie, de la halle et de l'église. Quelques voisins : le ferblantier Recco, le boulanger Spick, la vieille matelassière Durand ouvraient leurs portes et regardaient comme éblouis, en criant :

« Hé! voilà l'hiver! »

On a beau voir cela tous les ans, c'est une nouvelle existence. On respire mieux dehors, et, dans les maisons, on est content de s'asseoir au coin de l'âtre et de fumer sa pipe en regardant le feu rouge qui petille. Oui, j'ai toujours senti cela depuis soixante-quinze ans, et je le sens encore.

A peine avais-je poussé les volets que Sâfel sautait de son lit comme un écureuil et venait s'aplatir le nez contre une vitre, ses grands cheveux ébouriffés et les jambes nues.

« Oh! la neige, disait-il, la neige! Maintenant on va glisser sur le guévoir. »

Sorlé, dans la chambre à côté, se dépêchait de mettre ses jupons et d'accourir. Nous regardâmes tous quelques instants; ensuite j'allai faire le feu, Sorlé passa dans la cuisine, Sâfel s'habilla vite, et tout rentra dans le courant ordinaire.

Malgré la neige qui tombait, il faisait très-froid. Rien que de voir le feu prendre d'un coup, et de l'entendre galoper dans le poêle, on comprenait qu'il gelait à pierre fendre.

Tout en mangeant notre soupe, je dis à Sorlé :

« Le pauvre sergent a dû passer une nuit terrible. Son petit verre de kirsch lui ferait joliment plaisir.

— Oui, dit-elle, tu fais bien d'y penser. »

Elle ouvrit l'armoire et remplit de kirsch mon petit flacon de voyage.

Tu sais, Fritz, que nous n'aimons pas à entrer dans les auberges, quand nous sommes en route pour nos affaires. Chacun de nous emporte sa petite bouteille et sa croûte de pain; c'est meilleur et plus conforme à la loi de l'Éternel.

Sorlé remplit donc mon flacon, et je le mis dans ma poche, sous la houppelande, pour aller au corps de garde. Sâfel voulait me suivre, mais sa mère lui dit de rester, et je descendis seul, bien content de pouvoir faire un plaisir à notre sergent.

Il était environ sept heures, la quantité de neige qui tombait des toits à chaque coup de vent vous aveuglait. Mais en longeant les murs, le nez dans ma houppelande bien serrée sur les épaules, j'arrivai tout de même à la porte d'Allemagne, et j'allais descendre les trois marches du corps de garde, sous la voûte à gauche, quand le sergent lui-même ouvrit la lourde porte et s'écria :

« C'est vous, père Moïse! Que diable venez-vous faire ici par ce froid de loup? »

Le corps de garde était plein de brouillard; on voyait à peine au fond les hommes étendus sur le lit de camp, et cinq ou six vétérans auprès du poêle, rouge comme une braise.

Je ne fis que regarder.

« Voici, dis-je au sergent, en lui présentant ma etite bouteille, c'est votre goutte de kirsch que e vous apporte, car il a fait bien froid cette nuit, t vous devez en avoir besoin.

— Vous avez donc pensé à moi, père Moïse! 'écria-t-il en me prenant par le bras et me regar-ant comme attendri.

— Oui, sergent.

— Eh bien! ça me fait plaisir. »

Alors, il leva le coude et but un bon coup. Dans même instant, on criait au loin : *Qui vive!* Et poste de l'avancée courait ouvrir la barrière.

« C'est bon! fit le sergent en tapant sur le bouchon et me rendant la bouteille; reprenez ça, père Moïse, et merci! »

Ensuite il tourna la tête du côté de la demilune et dit :

« Du nouveau! qu'est-ce que c'est? »

Nous regardions tous les deux, quand un maréchal des logis de hussards, un vieux sec et tout gris, avec des quantités de chevrons sur le bras, arriva ventre à terre.

Toute ma vie j'aurai cet homme devant les yeux : son cheval qui fume, sa sabretache qui vole, son sabre qui sonne contre la botte, son colback et son dolman couverts de grésil; sa figure longue, osseuse et ridée, le nez en pointe, le menton allongé, les yeux jaunes. Je le verrai toujours arriver comme le vent, et puis sous la voûte, en face de nous, retenir son cheval qui se dresse, et nous crier d'une voix de trompette :

« L'hôtel du gouverneur, sergent?

— La première maison à droite, maréchal des logis. — Quoi de nouveau?

— L'ennemi est en Alsace! »

Ceux qui n'ont pas vu des hommes pareils, des hommes habitués aux longues guerres et durs comme du fer, ceux-là ne pourront jamais se les représenter. Et puis, il faut avoir entendu ce cri :

« L'ennemi est en Alsace! »

Cela vous faisait frémir.

Les vétérans étaient sortis; le sergent disait, en voyant le hussard attacher son cheval à la porte du gouverneur :

« Eh bien! père Moïse, nous allons nous regarder le blanc des yeux! »

Il riait, tous les autres paraissaient contents. Moi, je repartis bien vite, la tête penchée, et me répétant dans l'épouvante les paroles du prophète :

« Il viendra courrier sur courrier et messager sur messager, pour annoncer au roi que ses gués sont surpris, que ses marais sont brûlés par le feu, et que ses hommes de guerre se retirent; car les hommes vaillants ont cessé de combattre, ils se sont tenus dans les forteresses, leur force a manqué, et les barrières ont été rompues. Levez l'étendard sur la terre, sonnez de la trompette parmi les nations, préparez les nations contre lui, appliquez contre lui les royaumes, ordonnez contre lui des capitaines!... Et la terre sera ébranlée, et elle sera en travail, parce que tout ce que l'Éternel a résolu sera exécuté, pour réduire le pays en désolation, tellement qu'il n'y ait personne qui y habite! »

Je voyais s'approcher ma ruine, mon espoir était perdu.

« Mon Dieu, Moïse, s'écria ma femme en me voyant revenir, qu'as-tu donc? Ta figure est toute bouleversée. il se passe quelque chose de terrible !

— Oui, Sorlé, lui dis-je en m'asseyant, le temps des grandes misères est arrivé, dont le prophète a dit : « Le roi du midi le heurtera de ses cornes, et le roi de l'aquilon s'élèvera contre lui comme une tempête ; il entrera dans ses terres, il les inondera, et il passera outre ! »

Je disais cela levant les mains au ciel. Le petit Sâfel se serrait entre mes genoux, Sorlé me regardait, ne sachant que répondre. Et je leur racontai que les Autrichiens étaient en Alsace, que les Bavarois, les Suédois, les Prussiens et les Russes arrivaient par centaines de mille, qu'un hussard était venu nous annoncer ces grands malheurs, que nos esprits-de-vin étaient perdus, et que la ruine s'élevait sur nos têtes.

Alors je répandis quelques larmes, et Sorlé ni Sâfel ne pouvaient me consoler.

C'était la huitième heure du jour. Un grand tumulte commençait en ville ; on entendait rouler le tambour et faire les publications, on aurait cru que les ennemis arrivaient déjà !

Mais une chose qui me revient surtout, car nous avions ouvert une fenêtre pour entendre, c'est que le gouverneur prévenait les habitants de vider tout de suite leurs granges et leurs grenier à foin, et que, dans le moment où nous écoutions, une grande voiture d'Alsace, attelée de deux chevaux, — Baruch assis près du timon, Zeffen derrière, sur une botte de paille, son petit enfant dans les bras, et l'autre enfant près d'elle, — déboucha tout à coup dans la rue.

Ils se sauvaient chez nous!

Cette vue me bouleversa, et, levant les mains, je m'écriai :

« Seigneur, maintenant écarte de moi toute faiblesse! Tu le vois, j'ai besoin de vivre encore pour ces petits enfants. Sois donc ma force, ne me laisse point abattre! »

Et tout de suite je descendis les recevoir. Sorlé et Sâfel me suivaient. C'est moi-même qui pris ma fille dans mes mains, et qui la levai pour la poser à terre, tandis que Sorlé prenait les enfants et que Baruch criait :

« Nous arrivons à la dernière heure! On poussait la barrière quand nous sommes entrés. Beaucoup d'autres des Quatre-Vents et de Saverne resteront dehors. »

Je lui répondis :

« Dieu soit loué, Baruch! Et vous tous, mes chers enfants, soyez les bienvenus. Je n'ai pas grand'chose, je ne suis pas abondant en biens, mais tout ce que j'ai, vous l'avez... tout est à vous... Venez!... »

Et nous montâmes, Zeffen, Sorlé et moi, portant les enfants, tandis que Baruch restait encore en bas pour décharger ce qu'ils avaient apporté; puis il vint à son tour.

En ce moment les rues se remplissaient de paille et de foin qu'on jetait des greniers. Le vent s'était calmé, la neige ne tombait plus. Peu de temps après, les cris et les publications cessèrent.

Sorlé s'était dépêchée de servir quelques restants de notre souper, avec une bouteille de vin, et Baruch, tout en mangeant, nous racontait que l'épouvante était en Alsace, que les Autrichiens avaient tourné Bâle, qu'ils s'avançaient à marches forcées sur Schlestadt, Neuf-Brisach et Strasbourg, après avoir entouré Huningue.

« Tout se sauve, disait-il; on court vers la montagne, on emporte sur sa charrette ce qu'on a de plus précieux, on pousse les troupeaux dans les bois. Le bruit se répand déjà qu'on a vu des bandes de Cosaques à Mutzig, mais ce n'est guère possible, puisque l'armée du maréchal Victor est dans le Haut-Rhin, et que des dragons passent tous les jours pour le rejoindre; comment auraient-ils pu traverser ses lignes sans livrer bataille? »

Voilà ce qu'il disait. Nous l'écoutions avec une grande attention, lorsque le sergent arriva. Il venait de finir son service, et restait debout sur la porte, nous regardant tout étonné.

Alors je pris Zeffen par la main, et je dis :

« Sergent, voici ma fille, voici mon gendre, et voici mes petits-enfants, dont je vous ai parlé quelquefois. Ils vous connaissent, car, dans mes lettres, je leur ai raconté combien nous vous aimions. »

Le sergent regardait Zeffen.

« Père Moïse, répondit-il, vous avez une fille très-belle, et votre gendre me paraît un brave homme. »

Ensuite il prit dans les bras de Zeffen le petit Esdras, et le leva en lui faisant une grimace; et l'enfant riait, de sorte que tout le monde était content. L'autre petit ouvrait de grands yeux.

« Mes enfants viennent pour rester avec moi, dis-je au sergent; vous leur pardonnerez de faire un peu de bruit dans la maison, n'est-ce pas?

— Comment, père Moïse, s'écria-t-il, je leur pardonnerai tout! N'ayez pas de soucis, ne sommes-nous pas de vieux amis? »

Et tout de suite, malgré ce que nous pûmes dire, il choisit une autre chambre donnant sur la cour.

« Il faut que toute la nichée soit ensemble, disait-il. Moi, je suis l'ami de la famille, le vieux sergent qui ne veut troubler personne, pourvu qu'on soit content de le voir. »

Je fus tellement attendri, que je me levai lui prendre les deux mains.

« Le jour où vous êtes entré dans ma maison est un jour béni, lui dis-je les larmes aux yeux; que l'Éternel en soit remercié! »

Il s'écriait en riant :

« Allons donc, père Moïse, allons donc! ce que je fais n'est-il pas tout naturel? Pourquoi vous en étonner? »

Aussitôt il sortit prendre ses effets et les porta dans sa nouvelle chambre; puis il descendit, ne voulant pas nous gêner davantage.

Comme on se trompe, pourtant! Ce sergent, que Frichard nous avait envoyé pour notre désolation, au bout de quinze jours était un des nôtres; il aurait tout fait pour nous être agréable, et, malgré le nombre des années qui se sont écoulées depuis, je ne puis songer à ce brave homme sans attendrissement.

Quand nous fûmes seuls, Baruch nous prévint qu'il ne pourrait pas rester à Phalsbourg, qu'il était venu nous amener sa famille, avec toutes les provisions qu'il avait pu trouver dans le premier moment de trouble; mais qu'au milieu de dangers pareils, quand l'ennemi ne pouvait tarder à paraître, son devoir était de garder la maison et d'empêcher autant que possible le pillage de leurs marchandises.

Cela nous paraissait raisonnable, et nous attrista tout de même : on se figurait le chagrin de vivre loin les uns des autres, de ne plus recevoir de nouvelles, d'être toujours dans l'inquiétude sur le sort de ceux qu'on aime!... Et pourtant chacun s'occupait de ses affaires : Sorlé et Zeffen arrangeaient le lit des enfants, Baruch montait les provisions qu'il avait apportées, Sâfel jouait avec les deux petits, et moi j'allais et je venais, rêvant à nos malheurs.

Enfin, lorsque Zeffen et les enfants furent établis dans la belle chambre, comme la porte d'Allemagne était déjà fermée et que celle de France devait l'être à deux heures au plus tard, pour laisser sortir les étrangers de la ville, Baruch s'écria :

« Zeffen voici le moment! »

A peine eut-il prononcé ces mots, que la grande désolation commença : les cris, les embrassades et les larmes!

Ah! c'est un grand bonheur d'être aimé, c'est le seul vrai bonheur de la vie, mais quel chagrin de se séparer!... Et comme on s'aimait chez nous!... comme Zeffen et Baruch s'embrassaient!... comme ils se passaient les petits enfants... comme ils les regardaient... et se remettaient à sangloter!

Que dire dans un instant pareil? Assis près de la fenêtre, les mains sur ma figure, je n'avais pas la force d'élever la voix; je pensais :

« Mon Dieu, faut-il qu'un seul homme tienne

le sort de tous entre ses mains! Faut-il que par sa seule volonté, et pour la satisfaction de son orgueil, tout soit confondu, bouleversé, séparé! Mon Dieu, ces misères ne finiront-elles jamais? N'auras-tu jamais pitié de tes pauvres créatures? »

Je ne levais pas les yeux, j'écoutais ces plaintes qui me déchiraient le cœur, et qui se prolongèrent jusqu'au moment où Baruch, voyant Zeffen abattue et sans force, se sauva, criant :

« Il le faut!... il le faut!... Adieu, Zeffen!... adieu, mes enfants!... adieu, tous!... »

Personne ne le suivit!

Nous entendîmes rouler la voiture qui l'emportait, et, depuis, ce fut la grande tristesse, cette tristesse dont il est dit :

« Nous nous sommes tenus auprès du fleuve de Babylone, et même nous y avons pleuré, nous souvenant de Sion. — Nous avons suspendu nos harpes aux saules. — Quand ceux qui nous avaient emmenés, nous ont demandé de chanter des cantiques, et qu'ils nous ont dit : — Chantez-nous quelques cantiques de Sion! — Nous avons répondu : — Comment chanterions-nous les cantiques de l'Éternel dans une terre étrangère? »

X

Mais en ce jour il devait encore m'arriver une épouvante plus grande que les autres. Tu te rappelles, Fritz, que Sorlé m'avait dit la veille au soir, pendant le souper, que si nous ne recevions pas la lettre de voiture, nos esprits-de-vin resteraient à la charge de M. Quataya, de Pézenas, et que nous n'aurions plus à nous en inquiéter.

Je le croyais aussi, cela me paraissait juste; et comme sur les trois heures les portes d'Allemagne et de France étaient fermées et que rien ne pouvait plus entrer en ville, tout me paraissait fini de ce côté, j'étais soulagé de mes inquiétudes :

« C'est malheureux, Moïse, me disais-je en allant et venant dans la chambre, oui, car si ces esprits étaient partis huit jours plus tôt, nous aurions fait de beaux bénéfices; mais au moins te voilà débarrassé des plus grands soucis. Contente-toi de ton ancien commerce. Ne fais plus d'entreprises pareilles, qui vous rongent l'âme. Ne mets plus ton bien en jeu d'un coup, et que ceci te serve de leçon. »

Voilà ce que je pensais, quand j'entendis, vers quatre heures, quelqu'un monter notre escalier. C'était un pas lourd, le pas d'un homme qui cherche son chemin en tâtonnant dans l'ombre.

Zeffen et Sorlé se trouvaient dans la cuisine et préparaient le souper. Les femmes ont toujours quelque chose à se raconter entre elles qu'on ne doit pas entendre. J'écoute donc, et puis j'ouvre en disant :

« Qui est là ?

— N'est-ce pas ici que demeure M. Moïse, marchand d'eau-de-vie ? » me demande un homme en blouse et large feutre, son fouet pendu à l'épaule; enfin une grosse figure de roulier.

En entendant cela, je devins tout pâle, et je répondis :

« Oui, je m'appelle Moïse. Que voulez-vous ? »

Il entre alors et tire de dessous sa blouse un gros portefeuille en cuir. Je le regardais tout tremblant.

« Tenez, dit-il en me remettant deux papiers : ma facture et ma lettre de voiture, voilà ! C'est pour vous les douze pipes de trois-six de Pézenas ?

— Oui, où sont-elles ?

— Sur la côte de Mittelbronn, à vingt minutes

d'ici, répondit-il tranquillement. Des Cosaques ont arrêté mes voitures, il a fallu dételer. Je me suis dépêché de venir en ville, par une poterne sous le pont. »

Comme il parlait, les jambes me manquèrent; je tombai dans mon fauteuil sans pouvoir répondre un mot.

« Vous allez me payer le port, dit cet homme, et reconnaître la livraison. »

Alors je criai d'une voix désolée :

« Sorlé! Sorlé! »

Et ma femme accourut avec Zeffen. Le voiturier leur expliqua tout; moi je n'entendais plus rien, je n'avais plus que la force de crier :

« Maintenant tout est perdu!... Maintenant il faut payer sans avoir la marchandise! »

Ma femme disait :

« Nous voulons bien payer, monsieur, mais la lettre porte que les douze pipes seront rendues en ville. »

A la fin le voiturier répondit :

« Je sors de chez le juge de paix. Avant de me présenter chez vous, j'ai voulu connaître mon droit; il m'a dit que tout est à votre charge, même mes chevaux et mes voitures, entendez-vous? J'ai dételé mes chevaux et je me suis sauvé, c'est autant de moins sur votre compte. Voulez-vous régler, oui ou non? »

Nous étions comme morts d'épouvante, quand le sergent survint. Il avait entendu crier, et demanda :

« Qu'est-ce que c'est, père Moïse? Qu'avez-vous? Qu'est-ce que cet homme vous veut? »

Sorlé, qui ne perdait jamais la tête, lui raconta tout, clairement et vite; il comprit aussitôt et s'écria :

« Douze pipes de trois-six, ça fait vingt-quatre pipes de cognac. Quelle chance pour la garnison! quelle chance!

— Oui, répondis-je, mais elles ne peuvent plus entrer, les portes de la ville sont fermées, et les Cosaques entourent les voitures.

— Plus entrer! cria le sergent en levant les épaules, allons donc! Est-ce que vous prenez le gouverneur pour une bête? Est-ce qu'il ira refuser vingt-quatre pipes de bonne eau-de-vie, quand la garnison en manque? Est-ce qu'il va laisser cette aubaine aux Cosaques?... Madame Sorlé, payez le port hardiment, et vous, père Moïse, mettez votre capote et suivez-moi chez le gouverneur, avec la lettre dans votre poche. En route! Ne perdons pas une minute. Si les Cosaques ont le temps de mettre le nez dans vos tonneaux, vous y trouverez un fameux déficit, je vous en réponds. »

En entendant cela, je m'écriai :

« Sergent, vous me sauvez la vie ! »

Et je me dépêchai de mettre ma capote.

Sorlé me demanda :

« Faut-il payer le port? »

— Oui! paye! » lui répondis-je en descendant, car il était clair que le roulier pourrait nous forcer.

Je descendis donc, l'esprit plein de trouble.

Tout ce que je me rappelle de ce moment, c'est que le sergent marchait devant moi dans la neige, qu'il dit ensuite quelques mots au sapeur de planton à l'hôtel du gouverneur, et que nous montâmes le grand escalier à rampe de marbre.

En haut, sur la galerie entourée d'une balustrade, le sergent me dit :

« Du calme, père Moïse. Sortez votre lettre et laissez-moi parler.

En même temps, il frappait doucement contre une porte.

« Entrez! » dit quelqu'un.

Nous entrâmes.

Le colonel Moulin, un gros homme en robe de chambre et petite calotte de soie, fumait sa pipe en face d'un bon feu. Il était tout rouge, et avait sur le marbre de la cheminée, à côté de la pendule et des vases de fleurs, un carafon de rhum et un verre à côtes.

« Qu'est-ce que c'est? dit-il en se retournant.

— Mon colonel, voici ce qui se passe, répondit le sergent : douze pipes d'esprit-de-vin sont arrêtées sur la côte de Mittelbronn, des Cosaques les entourent...

— Des Cosaques ! s'écria le gouverneur, ils ont déjà franchi nos lignes ?

— Oui, dit le sergent, c'est un *hourra* de Cosaques. Ils tiennent les douze pipes de trois-six, que ce patriote avait fait venir de Pézenas pour soutenir la garnison.

— Quelques bandits, fit le gouverneur, des pillards !

— Voici la lettre, » répondit le sergent en me la prenant de la main.

Le colonel jeta les yeux dessus et dit d'un ton brusque :

« Sergent, vous allez prendre vingt-cinq hommes de votre compagnie. Vous irez au pas de course délivrer les voitures, et vous mettrez les chevaux du village en réquisition pour les amener en ville. »

Et comme nous voulions sortir :

— Attendez, fit-il en allant à son bureau écrire quatre mots, voici l'ordre ! »

Une fois dans l'escalier, le sergent me dit :

« Père Moïse, courez chez le tonnelier, on aura peut-être besoin de lui et de ses garçons. Je connais les Cosaques : leur première idée aura été de décharger les pièces, pour être plus sûrs de les garder. Qu'on apporte les cordes et les échelles. Moi, je vais à la caserne réunir mes hommes. »

Alors je courus comme un cerf à la maison. J'étais indigné contre les Cosaques, et j'entrai prendre mon fusil et mettre ma giberne. J'aurais été capable de me battre contre une armée, je ne voyais plus clair.

Sorlé et Zeffen me demandaient :

« Qu'est-ce que c'est ? Où vas-tu ? »

Je leur répondis :

« Vous saurez cela plus tard ! »

Et je repartis chez Schweyer. Il avait deux grands pistolets d'arçon, qu'il passa bien vite dans la ceinture de son tablier, avec la hache; ses deux garçons, Nickel et Frantz, prirent l'échelle et les cordes, et nous courûmes à la porte de France.

Le sergent ne s'y trouvait pas encore; mais deux minutes après il descendait la rue du Rempart en courant, avec une trentaine de vétérans à la file, le fusil sur l'épaule.

L'officier de garde à la poterne n'eut qu'à voir l'ordre pour nous laisser sortir, et quelques instants après nous étions dans les fossés de la place, derrière l'hôpital, où le sergent fit ranger ses hommes, en leur disant :

« C'est du cognac... vingt-quatre pipes de cognac ! Ainsi, camarades, attention ! La garnison est privée d'eau-de-vie; ceux qui n'aiment pas l'eau-de-vie n'ont qu'à se mettre derrière. »

Mais tous voulaient combattre au premier rang, ils riaient d'avance.

Nous montâmes donc l'escalier, et l'on se remit en ordre dans les chemins couverts. Il pouvait être cinq heures. En regardant sur la pente des glacis, on voyait la grande prairie de l'Eichmatt et plus haut les collines de Mittelbronn, couvertes de neige. Le ciel était plein de nuages et la nuit venait. Il faisait très-froid.

« En route! » dit le sergent.

Et nous gagnâmes la chaussée. — Les vétérans, sur deux files, couraient à droite et à gauche, le dos rond, le fusil en bandoulière; ils avaient de la neige jusqu'aux genoux.

Schweyer, ses deux garçons et moi, nous marchions derrière.

Au bout d'un quart d'heure, les vétérans, qui galopaient toujours, étaient déjà loin; nous entendions encore sauter leurs gibernes, mais bientôt ce bruit se perdit dans l'éloignement, et puis nous entendîmes le chien des *Trois-Maisons* aboyer à sa chaîne.

Le grand silence de la nuit vous donnait à réfléchir. Sans l'idée de mes eaux-de-vie, j'aurais repris la route de Phalsbourg, heureusement cette idée me dominait, et je disais :

« Dépêchons-nous, Schweyer, dépêchons-nous!

— Dépêchons-nous! cria-t-il en colère, tu peux bien te dépêcher, toi, pour rattraper ton esprit-de-vin; mais nous, est-ce que cela nous regarde? est-ce que notre place est sur la grande route? est-ce que nous sommes des bandits, pour risquer notre existence? »

Aussitôt je compris qu'il voulait se sauver, et j'en fus indigné.

— Prends garde, Schweyer, lui dis-je, prends garde! Si tu t'en vas avec tes garçons, on dira que vous avez trahi les eaux-de-vie de la ville. C'est encore pire que le drapeau, surtout pour des tonneliers.

— Que le diable t'emporte! fit-il, jamais nous n'aurions dû venir. »

Il continua pourtant de monter la côte avec moi. Nickel et Frantz nous suivaient sans se presser.

Comme nous arrivions sur le plateau, nous vîmes quelques lumières au village. Tout se taisait et semblait paisible, tandis que les deux premières maisons fourmillaient de monde.

La porte du bouchon de *la Grappe*, ouverte au large, laissait briller le feu de sa cuisine du fond de l'allée jusque sur la route, où stationnaient mes deux voitures.

Ce fourmillement venait des Cosaques qui se

gobergeaient chez Heitz, ayant attaché leurs chevaux sous le hangar. Ils avaient forcé la mère Heitz de leur cuire une soupe au poivre, et nous les voyions très-bien, à deux ou trois cents pas, monter et descendre l'escalier de meunier en dehors, avec des brocs et des cruches qu'ils se passaient de l'un à l'autre.

L'idée me vint qu'ils buvaient mon eau-de-vie, car derrière la première voiture pendait une lanterne, et ces gueux revenaient tous de là, le coude en l'air. Ma fureur en fut si grande que, sans faire attention au danger, je me mis à courir pour arrêter le pillage.

Par bonheur, les vétérans avaient de l'avance sur moi, sans cela les Cosaques m'auraient massacré : Je n'étais pas encore à moitié chemin, que toute notre troupe sortait d'entre les haies de la chaussée, en courant comme une bande de loups, et criant :

« A la baïonnette ! »

Tu n'as jamais vu de confusion pareille, Fritz. En une seconde les Cosaques étaient à cheval et les vétérans au milieu d'eux ; la façade du bouchon, avec son treillis, son pigeonnier et son petit jardin entouré de palissades, était éclairée par les coups de fusil et de pistolet. Les deux filles Heitz aux fenêtres, les bras levés, poussaient des cris qu'on devait entendre dans tout Mittelbronn.

A chaque instant, au milieu de la confusion, quelque chose culbutait sur la route, et puis les chevaux partaient à travers champs, comme des cerfs, la tête allongée, la crinière et la queue tourbillonnantes. Les gens du village accouraient, le père Heitz se glissait dans le grenier à foin, en grimpant l'échelle, et moi j'arrivais, sans respiration, comme un véritable fou.

Je n'étais plus qu'à cinquante pas, quand un Cosaque, qui s'échappait ventre à terre, se retourna près de moi, furieux, la lance en l'air, en criant :

« Hourra ! »

Je n'eus que le temps de me baisser, et je sentis le vent de la lance qui me passait le long des reins.

Voilà ce que j'ai senti de pire dans ma vie, Fritz ; oui, j'ai senti le froid de la mort, ce frémissement de la chair, dont le prophète a dit :

« J'ai frémi dans mon âme, et les poils de mon corps se sont hérissés. »

Mais ce qui montre l'esprit de sagesse et de prudence que le Seigneur a mis dans ses créatures, lorsqu'il les réserve pour un grand âge, c'est qu'aussitôt après, malgré le tremblement de mes genoux, j'allai m'asseoir sous la première voiture, où les coups de lance ne pouvaient plus m'atteindre, et que, de là, je vis les vétérans achever l'extermination des vauriens, qui s'étaient retirés dans la cour, et dont pas un n'échappa.

Cinq ou six étaient en tas devant la porte, et trois autres, les jambes écartées, étendus sur la grande route.

Cela ne prit pas seulement dix minutes, puis tout redevint obscur, et j'entendis le sergent crier :

« Cessez le feu ! »

Heitz, redescendu de son grenier, venait d'allumer une lanterne; le sergent me vit sous la voiture, et s'écria :

« Vous êtes blessé, père Moïse?

— Non, lui répondis-je, mais un Cosaque a voulu me piquer avec sa lance, et je me suis mis à l'abri. »

Alors il rit tout haut et me donna la main pour m'aider à me relever, en disant :

« Père Moïse, vous m'avez fait peur. Essuyez-vous le dos, on pourrait croire que vous n'êtes pas brave. »

Je riais aussi, pensant :

« Que les autres croient ce qu'ils veulent! Le principal, c'est de vivre en bonne santé, le plus longtemps possible. »

Nous n'avions qu'un blessé, le caporal Duhem, un vieux qui se bandait lui-même la jambe, et voulait marcher. Il avait un coup de lance dans le mollet droit. On le fit monter sur la première voiture, et Lehnel, la grande fille de Heitz, vint lui verser une goutte de kirschenwasser, ce qui lui rendit aussitôt sa force et même sa bonne humeur. Il criait :

« C'est la quinzième! J'en ai pour huit jours d'hôpital ; mais laissez-moi la bouteille pour les compresses. »

Moi, je me réjouissais de voir mes douze pipes sur les voitures, car Schweyer et ses deux garçons s'étaient sauvés, et nous aurions eu de la peine à les recharger sans eux.

J'allai tout de suite toquer sur la bonde de la dernière tonne, pour reconnaître ce qui manquait. Ces gueux de Cosaques avaient déjà bu près d'une demi-mesure d'esprit ; le père Heitz me dit que plusieurs d'entre eux n'y mettaient presque pas d'eau. Il faut que des êtres pareils aient un gosier de fer-blanc ; les plus vieux ivrognes chez nous ne supporteraient pas un verre de trois-six sans tomber à la renverse.

Enfin tout était gagné, il ne fallait plus que retourner en ville. Quand je pense à cela, il me semble encore y être : — les gros chevaux gris pommelés de Heitz sortent de l'écurie à la file ; le sergent, près de la porte sombre, crie, la lanterne en l'air : « Allons, vivement... la canaille pourrait revenir ! » Sur la route, en face de l'auberge, les vétérans entourent les voitures ; plus loin, à droite, les paysans, accourus avec des fourches et des pioches, regardent les Cosaques étendus dans la neige; et moi, debout, au haut de l'escalier, je chante dans mon cœur les louanges de l'Éternel, en songeant à la joie de Sorlé, de Zeffen, du petit Sâfel lorsqu'ils me verront revenir avec notre bien.

Et puis, quand tout est attelé, quand les clochettes tintent, quand le fouet claque et qu'on se met en route, quelle satisfaction!

Ah! Fritz, comme tout se peint en beau après trente ans : les craintes, les inquiétudes, les ennuis, sont oubliés; le souvenir des bonnes gens et des bons moments vous reste toujours!

Les vétérans, sur les deux côtés des voitures, le fusil sous le bras, escortaient mes douze pipes comme le tabernacle; Heitz conduisait les chevaux, le sergent et moi nous marchions derrière.

« Eh bien, père Moïse! me disait-il en riant, tout a bien été, vous devez être content?

— Plus content qu'il ne m'est possible de vous le dire, sergent; ce qui devait faire ma perte sera la cause d'une grande prospérité pour ma famille, et c'est à vous que nous le devrons.

— Allons donc, disait-il, vous plaisantez. »

Il riait, moi j'étais attendri : d'avoir eu la crainte de tout perdre, et de voir que tout est regagné et qu'on aura des bénéfices, c'est attendrissant.

Je m'écriais en moi-même :

« Sois loué, ô Seigneur ! je te célébrerai parmi les peuples, je te psalmodierai parmi les nations, car ta bonté est grande, ta sagesse atteint jusqu'aux nues. »

XI

Il faut que je te raconte maintenant notre rentrée à Phalsbourg.

Tu penses bien que ma femme et mes enfants, après m'avoir vu prendre le fusil, étaient dans une grande inquiétude. Vers cinq heures, Sorlé sortit avec Zeffen chercher des nouvelles, et, seulement alors, elles apprirent que j'étais parti pour Mittelbronn avec un détachement de vétérans.

Songe à leur épouvante!

Le bruit de ces événements extraordinaires s'était déjà répandu dans toute la ville, et des quantités de gens se tenaient sur le bastion de la caserne d'infanterie, regardant au loin ce qui se passait. Burguet, le maire et d'autres personnes notables, avec une quantité de femmes et d'enfants, se trouvaient là, tâchant de voir à travers la nuit profonde. Plusieurs soutenaient que Moïse marchait avec le détachement, mais on ne pouvait le croire, et Burguet s'écriait :

« Ce n'est pas possible, un homme d'esprit comme Moïse n'irait pas risquer sa propre vie contre des Cosaques, non, ce n'est pas possible! »

Moi-même, à sa place, j'aurais dit comme lui. Mais que veux-tu, Fritz? les hommes les plus prudents deviennent aveugles quand on attaque leurs biens; je dis aveugles et terribles, car ils ne voient plus le danger.

Cette foule attendait donc, et bientôt Zeffen et Sorlé arrivèrent, leurs grands châles étendus sur la tête, et pâles comme des mortes. Elles montèrent sur le rempart et se tinrent là, les pieds dans la neige, sans rien dire, étant trop épouvantées.

Ces choses, je les ai sues plus tard.

Au moment où Zeffen et sa mère montaient sur le bastion, il pouvait être cinq heures et demie, pas une étoile ne brillait au ciel. C'est en ce moment que Schweyer et ses garçons se sauvaient, et, cinq minutes après, la bataille commença.

Burguet m'a raconté par la suite que, malgré la nuit et la distance, on voyait les éclairs de la fusillade autour de l'auberge comme à cent pas, et que personne ne murmurait un mot, pour entendre les coups, qui se suivaient en roulant dans les échos du Bois-de-Chênes et de Lutzelbourg.

A la fin seulement, Sorlé descendit du talus, appuyée sur le bras de Zeffen; elle ne pouvait plus se tenir debout. Burguet les aida toutes deux à gagner la rue, et les fit entrer dans la maison du coin, chez le vieux Frise, qui se chauffait tristement près de son âtre.

Sorlé disait :

« Voici mon dernier jour ! »

Zeffen pleurait à chaudes larmes.

Je me suis souvent reproché de leur avoir causé ce chagrin, mais quel homme peut répondre de sa propre sagesse ? Et le Sage n'a-t-il pas dit lui-même :

« J'ai considéré la sagesse, les sottises et la folie, et j'ai vu que la sagesse a beaucoup d'avantages sur la folie ; mais j'ai aussi connu qu'il arrive au sage comme au fou. C'est pourquoi j'ai dit en mon cœur que la sagesse est aussi vanité. »

Burguet sortait de chez Frise, lorsque Schweyer et ses garçons remontaient l'escalier de la poterne, en criant que les Cosaques nous entouraient et que nous étions perdus. Heureusement, ma femme et ma fille ne pouvaient les entendre, et le maire vint aussitôt les prévenir de se taire et d'aller bien vite chez eux, s'ils ne voulaient pas se faire conduire au violon.

Ils obéirent, mais cela n'empêcha pas les gens de croire qu'ils avaient dit la vérité, surtout quand on vit que tout redevenait sombre du côté de Mittelbronn.

La foule, descendue des remparts, remplissait la rue, un grand nombre s'en retournaient chez eux, et l'on n'espérait plus nous revoir, quand, sur le coup de sept heures, la sentinelle de l'avancée cria :

« Qui vive ! »

Nous arrivions à la barrière.

La foule remonta bien vite sur les remparts, le poste de garde en face du sergent consigne courut aux armes ; on venait nous reconnaître.

Nous, dehors, au milieu de la nuit noire, nous entendions le murmure de la ville, sans savoir ce que c'était. Aussi, quand, après la reconnaissance, on nous ouvrit lentement les barrières, et que les deux ponts se baissèrent pour nous recevoir, quelle ne fut pas notre surprise d'entendre crier :

« Vive le père Moïse ! Vivent les eaux-de-vie !... »

J'en avais les larmes aux yeux. Et mes voitures qui roulaient sous les portes avec un bruit sourd, les soldats qui nous portaient les armes, la foule innombrable qui nous entourait, en appelant : « Moïse ! Hé ! Moïse ! tu vas bien ? Tu n'es pas mort ? » Les éclats de rire, les gens qui me retenaient par le bras, pour m'entendre raconter la bataille, toutes ces choses me réjouissaient.

Chacun voulait parler avec moi, le maire lui-même, et je n'avais pas le temps de répondre.

Mais tout cela n'était encore rien, auprès du bonheur que je ressentis en voyant Sorlé, Zeffen et le petit Sâfel accourir de chez Frise, et se jeter tous ensemble dans mes bras, en criant :

« Il est sauvé!... Il est sauvé!... »

Ah! Fritz, qu'est-ce que les honneurs, à côté d'un amour pareil? Qu'est-ce que toute la gloire du monde, auprès de la joie que vous donne la vue de ceux qu'on aime? Les autres auraient pu crier cent ans : « Vive Moïse! » que je n'aurais pas seulement tourné la tête; mais l'arrivée de ma famille en ce moment me produisit un effet terrible.

Je donnai mon fusil à Sâfel, et pendant que les voitures escortées par les vétérans continuaient leur chemin vers la petite place, j'entraînai Zeffen et Sorlé à travers la foule, chez le vieux Frise, et là, seuls entre nous, les embrassades recommencèrent.

Dehors les cris de joie redoublaient; on aurait dit que mes eaux-de-vie étaient à toute la ville. Mais dans la chambre ma fille et ma femme fondaient en larmes, et je reconnaissais mon imprudence.

C'est pourquoi, bien loin de leur raconter mes dangers, je leur dis que les Cosaques s'étaient sauvés en nous voyant, et que nous n'avions eu que la peine d'atteler pour venir.

Un quart d'heure après, les cris et le tumulte ayant cessé, je ressortis, Zeffen et Sorlé au bras, le petit Sâfel devant, mon fusil sur l'épaule, et c'est ainsi que nous retournâmes chez nous, surveiller le déchargement des eaux-de-vie.

Je voulais tout mettre en ordre cette nuit même, afin de commencer à vendre double le plus tôt possible.

Quand on a couru des risques pareils, il faut en profiter ; car si l'on donnait tout au prix coûtant, comme plusieurs le demandent, personne ne voudrait risquer son bien pour faire plaisir aux autres ; et s'il arrivait même qu'un homme voulût se sacrifier pour tous, il passerait pour une bête, ce qu'on a vu cent fois et ce qu'on verra toujours.

Grâce à Dieu, des idées pareilles ne me sont jamais entrées dans l'esprit ; j'ai toujours pensé que le vrai commerce, c'est de faire des bénéfices autant qu'on peut, honnêtement et loyalement.

C'est la justice et le bon sens.

Comme nous tournions au coin de la halle, nos deux voitures étaient déjà dételées devant notre maison. Heitz emmenait ses chevaux en courant, pour profiter de l'ouverture des portes, et les vétérans, l'arme à volonté, remontaient la rue du quartier d'infanterie.

Il pouvait être huit heures. Zeffen et Sorlé rentrèrent se coucher, et j'envoyai Sâfel chercher le tonnelier Gros, pour décharger les tonneaux. Des quantités de monde regardaient et voulaient nous aider. Gros arriva bientôt avec ses garçons, et l'on se mit à l'ouvrage.

C'est agréable, Fritz, de voir de grosses tonnes descendre dans sa cave et de se dire : « Ces belles tonnes sont à moi ! C'est de l'esprit qui me revient à vingt sous le litre, et que je revendrai trois francs ! » Cela vous montre la beauté du commerce ; mais chacun peut se figurer ce plaisir, il est inutile d'en parler.

Vers minuit, mes douze pipes étaient en bas sur le chantier, il ne me restait plus qu'à les mettre en perce.

Pendant que la foule s'en allait, je prévins Gros de revenir le lendemain m'aider à faire les coupages, et nous remontâmes bien contents de notre journée. Il referma la double porte de chêne, j'y mis le cadenas et j'allai me reposer enfin à mon tour.

Quelle satisfaction d'avoir du bien, et de sentir qu'il est au sec !

Voilà comment mes douze pipes furent sauvées.

Tu comprends maintenant, Fritz, les inquiétudes et les peurs terribles qu'on avait en ce temps. Personne n'était plus sûr de rien, car il ne faut pas croire que j'étais le seul à vivre comme l'oiseau sur la branche : des centaines d'autres ne pouvaient plus fermer l'œil.

Il fallait voir la mine des bourgeois chaque matin, en apprenant que les Autrichiens et les Russes remplissaient l'Alsace, que les Prussiens marchaient sur Sarrebruck; ou quand on publiait les visites domiciliaires, les corvées pour murer les poternes et les oreillons de la place, l'ordre de former des compagnies de pompiers et de se débarrasser bien vite de ce qui s'allume, de remettre au gouverneur la situation de la caisse municipale et la liste des principaux contribuables, pour la fourniture des souliers, des capotes, des effets de literie, ainsi de suite !

Il fallait voir comme on se regardait!

En temps de guerre, le civil n'est plus rien, et l'on vous prendrait jusqu'à votre dernière chemise, avec un reçu du gouverneur. Les plus notables du pays passent pour des zéros, quand le gouverneur a parlé. C'est pourquoi j'ai souvent pensé que tous ceux qui demandent la guerre, à moins d'être soldats, perdent la tête, ou qu'ils sont ruinés aux trois quarts, et qu'ils espèrent se remettre dans leurs affaires, par la ruine de tout le monde. Ce n'est pas possible autrement.

Enfin, malgré ces misères, il ne fallait pas perdre de temps, et toute la journée du lendemain je ne fis que couper mes esprits. J'avais ôté ma capote, et je pompais avec un courage extraordinaire. Gros et ses garçons portaient les brocs et les vidaient dans des fûts que j'avais achetés d'avance, de sorte que le soir ces fûts étaient pleins jusqu'à la bonde, d'une bonne eau-de-vie blanche à dix-huit degrés.

J'avais aussi préparé le caramel, pour donner aux eaux-de-vie une belle couleur de vieux cognac, et quand, en tournant le robinet et levant le verre en face de la chandelle, je vis que c'était justement la bonne teinte, mes yeux en furent ravis; je m'écriai :

« Donnez de la cervoise à ceux qui sont dans l'amertume du cœur, donnez-leur du vin, afin qu'ils boivent, et qu'ils ne se souviennent plus de leurs peines ! »

Le père Gros, debout près de moi, sur ses grands pieds plats, souriait doucement, et ses garçons paraissaient de bonne humeur.

Je leur remplis le verre jusqu'au bord ; ils se le passèrent l'un à l'autre, et furent tout à fait réjouis.

Nous remontâmes vers cinq heures.

Ce même jour, Sâfel était allé prendre trois ouvriers, et leur avait fait transporter notre fer dans la cour, sous le hangar. On blanchissait le vieux magasin décrépit; le menuisier Desmarets posait des rayons derrière la porte en voûte, pour recevoir les bouteilles, les verres, les mesures d'étain, lorsque le temps serait venu de vendre, et son fils rassemblait déjà les planches du comptoir. Tout se faisait à la fois, comme dans un temps de grande presse, où les gens sont heureux de gagner vite une bonne somme.

Je regardais cela tout content. Zeffen, son petit enfant sur le bras, et Sorlé étaient aussi descendues. Je dis à ma femme, en lui montrant la place derrière le comptoir :

« C'est là que tu seras assise, les pieds dans de grosses pantoufles, avec une bonne palatine bien chaude sur les épaules, et que tu vendras nos eaux-de-vie. »

Elle riait d'avance.

Les voisins : l'armurier Bailly, le petit tisserand Koffel et plusieurs autres venaient aussi regarder sans rien dire; ils s'étonnaient de voir comme tout marchait vite.

Sur les six heures, au moment où Desmarets déposait son marteau, le sergent arriva tout joyeux. Il revenait de la cantine, et s'écria :

« Eh bien! père Moïse, l'ouvrage avance! mais il manque encore quelque chose à la boutique.

— Quoi donc, sergent?

— Hé! tout est bien, seulement il faudra blinder là-haut, ou gare les obus. »

Alors je compris qu'il avait raison, et nous

fûmes tous très-effrayés, excepté les voisins, qui riaient de notre surprise.

« Oui, reprit le sergent, il faudra nous y mettre. »

Ces idées m'avaient ôté toute ma joie; je voyais que nous n'étions pas au bout de nos peines!

Sorlé, Zeffen et moi, nous montâmes, pendant que Desmarets fermait la porte. Le souper était servi; nous nous mîmes à table tout pensifs, et le petit Sâfel rapporta les clefs.

Dehors, le bruit avait cessé; de temps en temps passait une patrouille bourgeoise.

Le sergent vint fumer sa pipe comme à l'ordinaire. Il nous expliquait les blindages, qui se font en croisant des poutres en forme de guérite, les deux côtés appuyés contre les pignons; mais il avait beau soutenir que cela tenait comme une voûte, je ne trouvais pas la chose assez solide, et la mine de Sorlé m'avertissait qu'elle pensait comme moi.

Nous restâmes là jusque vers dix heures, puis chacun alla se coucher.

XII

C'est dans la nuit du 5 au 6 janvier, le jour de la fête des *Rois*, vers une heure du matin, que les ennemis arrivèrent sur la côte de Saverne.

Il faisait un froid terrible, les vitres sous nos persiennes étaient toutes blanches de givre. Sur le coup d'une heure je m'éveille : on battait le rappel à la caserne d'infanterie.

Tu ne te feras jamais l'idée de ce bruit dans le silence, quand tout dort.

« Entends-tu, Moïse? me dit Sorlé tout bas.

— Oui, j'entends, » lui répondis-je, sans presque respirer.

Au bout d'une minute, quelques fenêtres s'ouvraient déjà dans notre rue, d'autres gens écoutaient aussi; puis on entendit courir, et tout à coup crier :

« Aux armes! aux armes! »

Les cheveux vous en dressaient sur la tête.

Je venais de me lever et j'allumais la lampe, quand deux coups frappèrent à notre porte :

« Entrez ! » dit Sorlé tremblante.

Le sergent ouvrit. Il était en tenue de marche, les guêtres aux jambes, sa longue capote grise relevée sur les côtés, le fusil sur l'épaule, le sabre et la giberne au dos :

« Père Moïse, me dit-il, recouchez-vous tranquillement : c'est le rappel du bataillon à la caserne, cela ne vous regarde pas. »

Et tout de suite nous comprîmes qu'il avait raison, car les tambours ne remontaient pas la rue deux à deux, comme pour réunir la garde nationale.

« Merci, sergent, lui dis-je.

— Dormez bien, » fit-il en descendant l'escalier.

La porte de l'allée en bas se referma. Alors les enfants, éveillés, pleuraient. Zeffen arriva, son petit Esdras sur le bras, toute pâle, en criant :

« Mon Dieu ! qu'est-ce qui se passe ?

— Ce n'est rien, Zeffen, lui dit Sorlé, ce n'est rien, mon enfant, on bat le rappel pour les soldats. »

Dans le même instant le bataillon descendait la grande rue. Nous l'entendîmes défiler jusque sur la place d'armes, et même plus loin, vers la porte d'Allemagne.

Les fenêtres se refermèrent, Zeffen rentra dans sa chambre et je me recouchai.

Mais comment dormir après une secousse pareille? Des milliers d'idées me traversaient l'esprit : je me représentais l'arrivée des Russes par cette nuit froide sur la côte, nos soldats qui marchaient à leur rencontre, ou qui garnissaient les remparts. Tous les blindages, les blockhaus, les batteries à l'intérieur des bastions me revenaient, et songeant que ces grands travaux avaient été faits contre les bombes et les obus, je m'écriais en moi-même :

« Avant que les autres aient démoli tous ces ouvrages, nos maisons seront écrasées et nous serons exterminés jusqu'au dernier. »

Depuis environ une demi-heure je me désolais de la sorte, songeant à tous les malheurs qui nous menaçaient, lorsqu'au loin, en dehors de la ville, du côté des Quatre-Vents, une espèce de roulement sourd, qui s'élevait et s'abaissait comme le bourdonnement d'une eau qui coule, se fit entendre. Cela redoublait de seconde en seconde. Je m'étais dressé sur le coude pour écouter, et je reconnus aussitôt une bataille bien autrement terrible que celle de Mittelbronn, car le roulement ne finissait pas, et même il semblait grandir.

« Comme on se bat, Sorlé, comme on se bat! m'écriai-je en me représentant la fureur de ces gens, qui se massacraient les uns les autres au milieu de la nuit, sans se connaître. Écoute un peu, Sorlé, écoute... si cela ne fait pas frémir !

— Oui, dit-elle. Pourvu que notre sergent ne soit pas blessé, pourvu qu'il en réchappe !

— Que l'Éternel veille sur lui, » répondis-je en sautant du lit et faisant de la lumière.

Je ne me possédais plus, je m'habillais comme un homme qui voudrait se sauver ; et puis j'écoutais ce roulement épouvantable, que chaque coup de vent éloignait ou rapprochait de la ville.

Une fois habillé, j'ouvris une fenêtre pour tâcher de voir. La rue était toute noire; mais vers les remparts, au-dessus de la ligne sombre du bastion de l'Arsenal, s'étendait comme une ligne rouge.

La fumée de la poudre est rouge, à cause des coups de fusil qui la traversent et l'éclairent. On aurait dit un grand incendie. Toutes les fenêtres de la rue étaient ouvertes; on ne se voyait pas, seulement j'entendais notre voisin l'armurier dire à sa femme :

« Ça chauffe là-bas ! C'est le commencement de la danse, Annette; mais il y manque encore la grosse caisse : ça viendra ! »

La femme ne disait rien, et je pensais :

« Est-il possible de plaisanter sur des choses pareilles ! C'est contre nature. »

Le froid était si vif, qu'après cinq ou six minutes je refermai notre fenêtre.

Sorlé se leva et fit du feu dans le poêle.

Toute la ville était en mouvement; les gens criaient, les chiens aboyaient. Sâfel, que tous ces bruits avaient réveillé, vint s'habiller dans la chambre chaude. Je regardais avec un grand attendrissement ce pauvre petit, les yeux encore endormis; et, songeant qu'on allait tirer sur nous, qu'il faudrait se cacher dans les caves, et que nous risquions tous d'être tués pour des choses qui ne nous regardaient pas, et sur lesquelles on n'avait pas demandé notre avis, j'en étais indigné. Mais ce qui me désolait le plus, c'était d'entendre Zeffen dire en sanglotant, qu'il aurait mieux valu pour elle et ses enfants de rester avec Baruch à Saverne, et de mourir tous ensemble.

Alors les paroles du prophète me revenaient :

« Ta piété n'a-t-elle pas été toute ton espérance, et l'intégrité de tes vues ton attente? L'innocence va-t-elle périr? Les hommes droits seront-ils exterminés? Non, ceux qui labourent l'iniquité, ceux qui sèment l'injustice, les moissonnent! Ils périssent par le souffle de Dieu; mais toi, son serviteur, il te garantira de la mort, tu n'entreras au sépulcre que rassasié de jours, comme un monceau de gerbes s'entasse en sa saison. »

Ainsi je raffermissais mon cœur, écoutant cette

grande rumeur de la foule qui s'épouvante, qui court et veut sauver ses biens.

Vers sept heures, on publia que les casemates étaient ouvertes, que chacun pouvait y porter son matelas, et qu'on devait tenir des cuves pleines d'eau prêtes dans toutes les maisons, et laisser les puits ouverts, en cas d'incendie.

Songe, Fritz, aux idées que vous donnaient ces publications.

Plusieurs voisines, Lisbeth Dubourg, Bével Ruppert, les filles Camus et d'autres montèrent chez nous, criant :

« Nous sommes tous perdus ! »

Les maris étaient allés voir à droite et à gauche, et ces femmes se pendaient au cou de Zeffen et de Sorlé, répétant :

« Ah ! mon Dieu ! mon Dieu ! quel malheur ! »

J'aurais voulu les voir au diable, car, au lieu de nous consoler, elles ne faisaient qu'augmenter notre peur; mais dans ces moments les femmes se réunissent et crient toutes ensemble, on ne peut rien leur dire de raisonnable, elles aiment ces grands cris et ces gémissements.

Sur le coup de huit heures, l'armurier Bailly vint chercher sa femme; il arrivait des remparts, et me dit :

« Les Russes sont descendus en masse des Quatre-Vents jusqu'à la bascule; ils remplissent toute la plaine : des Cosaques, des Baskirs, de la canaille! Pourquoi ne tire-t-on pas dessus, des remparts ? Le gouverneur trahit! »

Je lui demandai :

« Où sont nos soldats?

— En retraite! s'écria-t-il. Les blessés rentrent depuis deux heures, et nous restons là, les bras croisés! »

Sa figure osseuse frémissait de colère. Il emmena sa femme; ensuite d'autres arrivèrent encore, criant :

« L'ennemi s'avance jusqu'au bas des jardins, sur les glacis! »

Ces choses m'étonnaient.

Les femmes étaient descendues pour aller crier ailleurs, et dans ce moment un grand bruit de voiture s'entendait du côté du rempart. Je regardai par la fenêtre, un fourgon arrivait de l'arsenal; des canonniers bourgeois : le vieux Goulden, Holender, Jacob Cloutier, Barrière galopaient autour; le capitaine Jovis courait devant. Ils s'arrêtèrent à notre porte, et le capitaine cria :

« Qu'on prévienne le marchand de fer... qu'il descende! »

Le boulanger Chanoine, brigadier de la deuxième batterie, montait déjà; j'ouvris la porte, en demandant dans l'escalier :

« Qu'est-ce qu'on me veut ?

— Descends, Moïse, » me répondit Chanoine. Et je descendis.

Le capitaine Jovis, un grand sec, le front couvert de sueur malgré le froid, me demanda :

« Vous êtes Moïse, le marchand de fer?

— Oui, monsieur.

— Ouvrez-nous votre magasin. Votre fer est en réquisition pour le service de la place. »

Il fallut donc conduire ce monde dans ma cour, sous le hangar. Le capitaine, ayant regardé, vit les taques en fonte qu'on avait l'habitude en ce temps-là de murer au fond des âtres. Chacune pesait de trente à quarante livres, et j'en vendais beaucoup dans les environs de la ville. Les vieux clous, les boulons rouillés, la ferraille de toute sorte, ne manquaient pas non plus.

« Voici notre affaire, dit-il; qu'on brise ces taques et qu'on enlève la ferraille, vivement! »

Les autres aussitôt, avec nos deux merlins, se mirent à tout casser. Quelques-uns chargeaient les morceaux de fonte dans un panier, qu'ils couraient vider au fourgon.

Le capitaine regardait sa montre et criait :

« Qu'on se dépêche! Nous avons juste dix minutes! »

Et moi, je pensais :

« Ils n'ont pas besoin de crédit, ils prennent ce qui leur convient, c'est plus commode. »

Toutes mes taques et ma ferraille furent mises en morceaux, cela faisait plus de quinze cents livres de fer.

Comme on ressortait pour courir aux remparts, Chanoine me dit en riant :

« De la fameuse mitraille, Moïse! Tu peux apprêter tes gros sous, nous viendrons les prendre demain. »

Le fourgon repartait alors à travers la foule, qui courait derrière; je suivais aussi.

Plus on approchait des remparts, plus la fusillade redoublait. Au tournant de la maison de cure, deux sentinelles arrêtèrent le monde, mais on me laissa passer, à cause de mon fer qu'on allait tirer.

Jamais tu ne pourras te représenter cette masse de gens, le bruit autour du bastion, la fumée qui passait au-dessus, le commandement des officiers d'infanterie qu'on entendait monter des glacis, les canonniers, la mèche allumée, les caissons de gargousses et les tas de boulets derrière! — Non, depuis trente ans, je n'ai pas oublié ces hommes avec leurs leviers, qui reculent les pièces, pour les charger jusqu'à la gueule, ces feux de file au fond des remparts, ces volées de balles qui sifflent dans l'air, ce commandement des chefs de pièces :

« Chargez!... Refoulez!... Amorcez!... »

Quelles masses sur ces affûts hauts de sept pieds,

où les canonniers étaient forcés de se dresser et d'allonger le bras pour mettre le feu ! Et quelle fumée épouvantable !

Les hommes inventent des machines pareilles pour leur propre extermination, et croiraient faire beaucoup d'en sacrifier le quart pour soulager leurs semblables, pour les instruire dans l'enfance et leur donner un peu de pain dans la vieillesse. Ah ! ceux qui crient contre la guerre et qui demandent des changements n'ont pas tort.

J'étais dans le coin, à gauche du bastion où descend l'escalier de la poterne, derrière le collége, entre trois ou quatre paniers d'osier pleins de terre glaise et hauts comme des cheminées. J'aurais dû rester là bien tranquille, et profiter d'un bon moment pour m'en aller ; mais l'idée me prit de voir ce qui se passait au-dessous des remparts, et pendant qu'on chargeait les pièces, je grimpai jusqu'au niveau du glacis, et je me couchai à plat ventre entre deux énormes paniers, où les balles ne pouvaient entrer que par le plus grand hasard.

Si des centaines d'autres, tués dans les bastions, avaient fait comme moi, combien vivraient encore et seraient d'honnêtes pères de famille dans leurs villages !

Enfin, de cet endroit, en levant le nez, ma vue s'étendait sur toute la plaine blanche. Je voyais au-dessous le cordon du rempart, et de l'autre côté du fossé, la ligne de nos tirailleurs derrière les palanques : ils ne faisaient que déchirer la cartouche, amorcer, charger et tirer. C'est là qu'on reconnaissait la beauté de l'exercice; ils n'étaient que deux compagnies, et les feux de file se suivaient comme un roulement sans fin.

Plus loin, la route s'étendait tout droit aux Quatre-Vents. La ferme Ozillo, le cimetière, la poste aux chevaux et la ferme de Georges Mouton à droite, l'auberge de *la Roulette* et la grande allée des peupliers à gauche, tout était plein de Cosaques et d'autres gueux semblables, qui s'avançaient ventre à terre jusque dans les jardins, pour reconnaître les environs de la place. C'est ce que je pense, car de courir pour rien et de risquer d'attraper une balle, ce n'est pas naturel.

Ces gens, sur de petits chevaux, avec de grands manteaux gris, des bottes molles, des espèces de bonnets en peau de renard, à la mode des paysans de Bade, la barbe longue, la lance sur la cuisse, un grand pistolet dans la ceinture, tourbillonnaient comme des oiseaux.

On n'avait pas encore tiré le canon sur eux, parce qu'ils se tenaient éparpillés et que cela ne valait pas le boulet; mais leurs trompettes sonnaient le ralliement du côté de la Roulette, et ils commençaient à se réunir derrière les bâtisses de l'auberge.

Une trentaine de nos vétérans, en retard dans l'allée du cimetière, battaient lentement en retraite. Ils faisaient quelques pas, en se dépêchant de recharger; puis ils se retournaient, épaulaient et tiraient, en recommençant aussitôt à marcher dans les haies et les broussailles, qu'on n'avait pas eu le temps de raser de ce côté.

Notre sergent était dans le nombre; je l'avais reconnu tout de suite, et je frémissais pour lui.

Chaque fois que ces vétérans avaient fait feu, les Cosaques, à cinq ou six, arrivaient comme le vent, la lance baissée; mais eux ne s'effrayaient pas, ils s'appuyaient contre un arbre et croisaient la baïonnette. D'autres vétérans arrivaient plus loin, et quand ils étaient plusieurs, les uns rechargeaient pendant que leurs camarades paraient les coups. A peine avaient-ils serré la cartouche, que les Cosaques se sauvaient à droite et à gauche, la lance en l'air. Quelques-uns se retournaient une seconde et lâchaient leur grand pistolet en arrière, comme de véritables bandits. Ensuite les nôtres se remettaient en marche vers la ville.

Ces vieux soldats, le gros shako carrément planté sur la tête, la grande capote tombant jusqu'au bas du mollet, le sabre et la giberne au dos, l'air calme au milieu de ces espèces de sauvages, rechargeant, parant et ripostant aussi tranquillement qu'ils fumaient leur pipe au corps de garde, étaient quelque chose d'admirable. Et même, après les avoir vus deux ou trois fois sortir du tourbillon, on finissait par croire que c'était facile.

Notre sergent commandait ces hommes. Je compris alors pourquoi les chefs l'aimaient tant et lui donnaient toujours raison contre les bourgeois; on n'en trouvait pas beaucoup de pareils. J'aurais bien voulu lui crier :

« Dépêchons-nous, sergent, dépêchons-nous! »

Mais ils ne se pressaient pas, ni lui ni les autres.

Comme ils arrivaient au bas des glacis, tout à coup une grande masse de Cosaques, voyant qu'ils allaient leur échapper, accoururent au galop sur deux files, pour leur couper la retraite. C'était le moment dangereux, et tout de suite ils se réunirent en carré.

Moi, je me sentais froid dans le dos, comme si j'avais été parmi eux. Les tirailleurs, en arrière des prolonges, ne tiraient plus, sans doute par la crainte de toucher leurs camarades; nos canonniers, sur le bastion, se penchaient pour voir, et cette file de Cosaques s'allongeait toujours au tournant de la bascule.

Ils étaient plus de sept à huit cents. On les entendait crier : « Hourra! hourra! hourra! » comme des corbeaux. Plusieurs officiers en manteau vert et petite toque galopaient sur les côtés de leurs lignes, en levant le sabre. Notre pauvre sergent et ses trente hommes me paraissaient perdus; je m'écriais déjà :

« Quel chagrin le petit Sâfel et Sorlé vont avoir ! »

Mais alors, comme les Cosaques se déployaient en demi-cercle à gauche de l'avancée, j'entendis nos chefs de pièce crier :

« Feu ! »

Je tournai la tête : le vieux Goulden abaissait la mèche, la fusée brillait, et dans la même seconde le bastion, avec ses grands paniers de terre glaise, frissonnait jusque sur les rochers du rempart.

Je regardai vers la route: on ne voyait que des hommes et des chevaux à terre. En même temps le second coup partit, et je puis dire que j'ai vu la mitraille passer comme un coup de faux dans cette masse de cavalerie : tout se couchait et culbutait ! Ceux qui vivaient une seconde avant n'étaient plus rien. On en voyait quelques-uns essayer de se relever, le reste se sauvait.

Les feux de file recommençaient; et nos canonniers, sans attendre que la fumée fût remontée, rechargèrent si vite, que les deux coups repartirent encore une fois ensemble.

Cette quantité de vieux clous, de boulons, de fonte cassée, en s'écartant à trois cents mètres près du petit pont, fit un tel carnage, que quelques jours après les Russes demandèrent un armistice pour enterrer les morts. On en trouva quatre cents répandus dans les fossés de la route.

Voilà ce que j'ai vu moi-même.

Et si tu veux connaître la place où l'on a enterré ces sauvages, tu n'as qu'à remonter l'allée du cimetière. De l'autre côté, sur la droite, dans le verger de M. Adam Ottendorf, tu verras une croix de pierre au milieu de la haie; c'est là qu'on les a tous mis dans une grande fosse, avec leurs chevaux.

Chacun peut se figurer la joie de nos canonniers en voyant ce massacre, ils levaient les écouvillons et criaient :

« *Vive l'Empereur!* »

Les soldats leur répondaient des chemins couverts, et tous ces cris montaient jusqu'au ciel.

Notre sergent, avec ses trente hommes, le fusil sur l'épaule, gagnait tranquillement les glacis. On se dépêcha de leur ouvrir la barrière; puis les deux compagnies descendirent ensemble dans les fossés et remontèrent la poterne.

Je les attendais en haut.

Quand notre sergent parut, je le pris par le bras en criant :

« Ah! sergent, que je suis heureux de vous voir hors de danger!

J'aurais voulu l'embrasser. Il riait et me serrait la main.

« Vous avez donc vu l'engagement, père Moïse? me dit-il en clignant des yeux d'un air malin. Nous leur avons montré de quel bois la 5e se chauffe!

— Oh! oui... oui! vous m'avez fait trembler.

— Bah! dit-il, vous en verrez bien d'autres; c'est une petite affaire. »

Les deux compagnies se reformaient alors contre le mur du chemin de ronde, et toute la ville criait :

« *Vive l'Empereur!* »

On descendit la rue des remparts au milieu de la foule. J'étais près de notre sergent.

Dans le moment où le détachement tournait notre coin, Sorlé, Zeffen et Sâfel, aux fenêtres, se mirent à crier :

« *Vivent les vétérans! vive la* 5e! »

Le sergent les aperçut et leur fit un petit signe de tête, pendant que j'entrais en lui disant :

« Sergent, n'oubliez pas votre verre de kirschenwasser!

— Soyez tranquille, père Moïse, » répondit-il.

Le détachement alla rompre les rangs sur la place d'Armes, comme à l'ordinaire, et je montai chez nous quatre à quatre. À peine en haut dans notre chambre, Zeffen, Sorlé et Sâfel m'embrassaient comme si j'étais revenu de la guerre; le petit David s'attachait à ma jambe, et tous me demandaient des nouvelles.

Il fallut leur raconter l'attaque, la mitraille, la déroute des Cosaques. Mais la table était servie, je n'avais pas encore déjeuné, et je leur dis :

« Asseyons-nous. Tout à l'heure vous saurez le reste. Laissez-moi reprendre haleine. »

Au même instant le sergent entrait tout joyeux et posait sa crosse à terre. Nous allions à sa rencontre, quand nous vîmes une touffe de poils roux au bout de sa baïonnette, ce qui nous fit frémir.

« Ah! mon Dieu! qu'est-ce que vous avez là ? » lui dit Zeffen en se couvrant la figure.

Il ne savait rien, et regarda tout surpris.

« Ça, dit-il, c'est la barbe d'un Cosaque que j'ai touché en passant... ce n'est pas grand'chose. »

Et tout de suite il sortit poser le fusil dans sa chambre; mais nous frémissions tous, et Zeffen ne pouvait pas se remettre. Quand le sergent revint, elle était encore assise dans le fauteuil, les deux mains sur la figure.

« Ah! madame Zeffen, dit-il d'un air désolé, vous allez m'avoir en horreur maintenant! »

Je pensais aussi qu'il ferait peur à Zeffen, mais toutes les femmes aiment ces gens qui risquent leur vie à tort et à travers, j'ai vu cela cent fois! et Zeffen, souriant, lui répondit :

« Non, sergent, non, ces Cosaques devaient rester chez eux, ils font notre malheur!... Vous nous défendez!... nous vous aimons tous bien. »

Je l'engageai tellement à déjeuner avec nous, qu'il finit par ouvrir une fenêtre, en criant à des soldats qui passaient, de prévenir à la cantine que le sergent Trubert ne viendrait pas déjeuner.

Ensuite, le calme étant rétabli, tout le monde s'assit à table. Sorlé descendit chercher une bouteille de bon vin et nous déjeunâmes.

Nous prîmes aussi le café, et c'est Zeffen qui voulut le verser elle-même à notre sergent. Il était dans la joie et disait :

« Madame Zeffen, vous me comblez! »

Elle riait. Nous n'avions jamais été plus heureux.

Au kirschenwasser, le sergent se mit à nous raconter l'attaque de la nuit : la manière dont les Wurtembergeois s'étaient postés à la Roulette, comme il avait fallu les dénicher en enfonçant les deux grandes portes cochères, l'arrivée des Cosaques au petit jour, et le déploiement des deux compagnies en tirailleurs.

Il racontait ces choses si bien, qu'on aurait cru les voir. Mais vers onze heures, comme je prenais la bouteille pour lui verser encore un petit verre, il s'essuya les moustaches, et me dit en se levant :

« Non, père Moïse, ce n'est pas tout de se goberger comme des chanoines ; demain ou après, les obus vont venir, il est temps d'aller blinder le grenier. »

Ces paroles nous rendirent tous graves.

« Voyons, dit-il, j'ai rencontré dans votre cour de grandes bûches qui n'ont pas été sciées, et trois ou quatre grosses poutres contre le mur. Est-ce que nous sommes de force à les monter nous deux ? Essayons ! »

Aussitôt il voulut ôter sa capote ; mais comme les poutres étaient très-lourdes, je lui dis d'attendre, et je courus chercher les deux frères Carabin : Nicolas, qu'on appelait le *Lévrier*, et Mathis, le scieur de long. Ils arrivèrent à l'instant, et ces deux hommes, habitués aux gros ouvrages, montèrent le bois. Ils avaient apporté leurs scies et leurs haches ; le sergent leur fit scier les poutres, pour les croiser dans le haut, en forme de guérite. Il travaillait lui-même comme un vrai charpentier. Sorlé, Zeffen et moi nous regardions. Comme cela durait depuis longtemps, ma femme et ma fille descendirent préparer le souper, et je descendis avec elles, chercher une lanterne pour éclairer les travailleurs.

Je remontais tranquillement sans penser à rien, quand tout à coup un bruit terrible, une espèce de ronflement épouvantable rasa le toit, et me fit presque tomber la lanterne de la main.

Les deux Carabin se regardaient tout pâles, et le sergent dit :

« C'est un boulet ! »

A la même seconde, le grand bruit du canon au loin s'entendait dans la nuit.

Alors je sentis un terrible mouvement dans mon ventre, et je pensai :

« Puisqu'il vient de passer un boulet, il peut en passer deux, trois, quatre !... »

Je n'avais plus de force.

Les deux Carabin pensaient sans doute la même chose, car ils prirent tout de suite leurs vestes accrochées au pignon, pour s'en aller.

« Attendez donc ! disait le sergent, ce n'est rien !... Continuons... L'ouvrage avance... Dans une heure tout sera fini. »

Mais l'aîné des Carabin s'écria :

« Faites ce que vous voudrez ! Moi, je ne reste pas ici... Je suis père de famille ! »

Et comme il parlait, un second boulet, plus effrayant que le premier, se mit à ronfler sur le toit, et, cinq ou six secondes après, on entendit le coup.

Une chose étonnante, c'est que les Russes tiraient de la lisière du Bois-de-Chênes, à plus d'une bonne demi-heure, et qu'on voyait l'éclair rouge passer devant nos deux lucarnes, et même sous les tuiles.

Le sergent voulut encore nous retenir, disant :

« Jamais un boulet ne passe où le premier a passé; nous sommes dans un bon endroit, puisqu'il a rasé le toit. Allons... à l'œuvre ! »

C'était plus fort que nous !...

Je posai la lanterne sur le plancher, et je descendis, les cuisses comme cassées par le milieu; j'aurais voulu m'asseoir à chaque marche.

Dehors on criait déjà comme le matin, et d'une manière plus épouvantable. Les cheminées tombaient, beaucoup de femmes couraient aux casemates, mais je n'y faisais pas attention, à cause de ma propre frayeur.

Les deux Carabin étaient partis, plus pâles que des morts.

Toute cette nuit je fus malade. Sorlé et Zeffen n'étaient pas non plus tranquilles. Le sergent continua seul de poser les bûches et de les affermir. Vers minuit, il descendit et me dit :

« Père Moïse, le toit est blindé, mais vos deux hommes sont des poltrons, ils m'ont laissé seul. »

Je le remerciai, en lui disant que nous étions tous malades, et que, pour moi, je n'avais jamais rien senti de pareil. Il riait :

« Je sais ce que c'est, faisait-il, les conscrits ont toujours cela quand ils entendent ronfler le premier boulet, mais ça passe vite... il ne faut qu'un peu d'habitude. »

Ensuite il alla se coucher, et tout le monde à la maison dormit, excepté moi.

Cette nuit-là, les Russes, à partir de dix heures, ne tirèrent plus; ils avaient seulement essayé une ou deux pièces volantes, pour nous prévenir de ce qu'ils nous réservaient.

Tout cela, Fritz, n'était que le commencement du blocus; tu vas voir maintenant les misères qu'il nous a fallu supporter durant trois mois.

XIII

Le lendemain, malgré les coups de canon de la nuit, la joie était dans la ville. Une quantité de gens qui revenaient des remparts vers sept heures descendaient notre rue en criant :

« Ils sont partis! On ne voit plus un seul Cosaque du côté des Quatre-Vents, ni derrière les Baraques du Bois-de-Chênes. *Vive l'Empereur!* »

Tout le monde courait aux bastions.

J'avais ouvert une de nos fenêtres, et je me penchais dehors en bonnet de nuit. Il faisait un temps d'hiver très-humide, la neige glissait des toits, et celle de la rue fondait dans la boue. Sorlé, qui retournait notre lit, me criait :

« Ferme donc la fenêtre, Moïse! nous allons attraper un courant d'air. »

Mais je ne l'écoutais pas, je riais en pensant :

« Les gueux en ont assez de mes vieilles taques et de mes clous rouillés; ils ont reconnu que cela va loin, l'expérience est une bonne chose! »

Je serais resté là jusqu'au soir, pour entendre les voisins causer de la débâcle des Russes, et ceux qui revenaient des remparts crier qu'on n'en voyait plus un seul dans les environs. Plusieurs disaient qu'ils pourraient revenir, mais cela me paraissait contraire au bon sens. Il était clair que la mauvaise race ne quitterait pas le pays tout de suite, qu'elle pillerait encore longtemps les villages et se gobergerait chez les paysans; mais de croire que les officiers exciteraient leurs hommes à nous enlever, et que les soldats seraient assez bêtes pour leur obéir, voilà ce qui ne pouvait m'entrer dans la tête.

Enfin Zeffen étant venue dans notre chambre habiller les enfants, je refermai la fenêtre. Un bon feu bourdonnait dans le poêle. Sorlé préparait notre déjeuner, Zeffen lavait son petit Esdras au-dessus d'une cuvette d'eau tiède; elle disait :

« Ah! maintenant, si j'avais des nouvelles de Baruch, tout serait bien. »

Le petit David jouait sur le plancher avec Sâfel, et moi, je remerciais le Seigneur de nous avoir débarrassés des vauriens.

Pendant le déjeuner, je dis à ma femme :

« Tout a bien été! Nous allons être enfermés quelque temps, jusqu'à ce que l'Empereur ait remporté la victoire, mais on ne tirera plus sur nous, on se contentera de nous bloquer; le pain, le vin, la viande, les eaux-de-vie deviendront plus chers. C'est le bon moment pour nous de vendre; autrement il pourrait nous arriver comme à ceux de Samarie, lorsque Ben-Haddad assiégeait leur ville : il y eut une grande famine, la tête d'un âne se vendait jusqu'à quatre-vingts pièces d'argent, et la quatrième partie d'un kad de fiente de pigeon, cinq pièces. C'était un bon prix; malgré cela les marchands attendaient encore, lorsqu'un grand bruit de chariots, de chevaux et d'armée venu du ciel fit sauver les Syriens avec Ben-Haddad; et le peuple ayant pillé leur camp, le sac de fine farine ne valut plus qu'un sicle, et les deux sacs d'orge un sicle. Tâchons donc de vendre quand les choses ont un prix raisonnable; il faut s'y prendre de bonne heure. »

Sorlé m'approuvait, de sorte qu'après le déjeuner je descendis à la cave continuer mes coupages.

Beaucoup d'ouvriers s'étaient remis au travail; le marteau de Klipfel résonnait sur son enclume, Chanoine remettait des petits pains dans les grilles de ses fenêtres, et le pharmacien Tribolin des bouteilles d'eau rouge et d'eau bleue derrière ses vitres.

La confiance revenait partout. Les canonniers bourgeois avaient ôté leurs uniformes, et les menuisiers étaient aussi revenus finir notre comptoir; le bruit de la scie et du rabot remplissait la maison.

Chacun était content de se remettre à ses affaires, car la guerre ne rapporte que des coups; plus elle finit vite, mieux cela vaut.

Moi, d'en bas, en portant mes brocs d'une tonne à l'autre, je voyais les passants s'arrêter devant notre vieux magasin, et je les entendais se dire entre eux :

« Moïse va faire ses choux gras avec les eaux-de-vie. Ces gueux de juifs ont tous le nez fin; pendant que nous vendions le mois dernier, il achetait. Maintenant que nous sommes enfermés, il va revendre au prix qu'il voudra. »

Tu penses si cela me faisait plaisir! Le plus grand bonheur d'un homme, c'est de réussir dans son commerce; chacun est forcé de dire :

« Celui-là n'a pas d'armée, ni de généraux, ni de canons, il n'a que son esprit, comme tout le monde; quand il gagne, c'est à lui-même qu'il le doit, et non pas au courage des autres. Et puis, il ne ruine personne, il ne pille pas, il ne vole pas, il ne tue pas; au lieu qu'à la guerre, le plus fort écrase le plus faible, et souvent le plus honnête. »

Je travaillais donc avec un grand courage, et j'aurais continué jusqu'à la nuit, si le petit Sâfel n'était venu m'appeler pour dîner. J'avais bon appétit, et je remontais l'escalier, bien content d'aller m'asseoir à table, au milieu de mes enfants, lorsque le rappel se mit à battre sur la place d'Armes, devant l'hôtel de ville. En temps de blocus, le conseil de guerre est toujours à la mairie, pour juger ceux qui ne répondent pas à l'appel. Plusieurs voisins sortaient déjà de chez eux, le fusil sur l'épaule. Il fallut monter bien vite, avaler un peu de soupe, un morceau de viande et un verre de vin.

J'étais tout pâle. Sorlé, Zeffen et les enfants ne disaient rien. Le rappel continuait, il descendait la grande rue, et finit par s'arrêter devant notre maison, sur la petite place. Alors je courus mettre ma giberne et prendre mon fusil.

« Ah ! disait Sorlé, nous croyions déjà être tranquilles, et maintenant tout recommence. »

Et Zeffen, qui s'était tue, fondit en larmes.

Au même instant, le vieux *rebbe* (1) Heymann, son bonnet de peau de martre tiré sur la nuque, arriva disant :

« Au nom du ciel, que les femmes et les enfants se sauvent dans les casemates. Un parlementaire est arrivé, qui menace de brûler toute la ville, si l'on n'ouvre pas les portes. Sauvez-vous, Sorlé!... Zeffen, sauvez-vous !... »

Représente-toi les cris des femmes, lorsqu'elles

(1) Rabbin.

entendirent cela ; moi-même les cheveux m'en dressaient sur la tête, et je m'écriai :

« Les gueux n'ont pas de honte ! Ils n'ont pitié ni des femmes ni des enfants ! Que la malédiction du ciel retombe sur eux ! »

Zeffen se jeta dans mes bras. Je ne savais plus que faire.

Le vieux *rebbe* dit encore :

« Ces gens font chez nous ce que les nôtres ont fait chez eux ! Ainsi s'accomplissent les paroles de l'Éternel : « Tu seras traité comme tu as traité ton frère ! » Mais il faut se sauver bien vite. »

En bas, le rappel venait de cesser, mes genoux tremblaient. Sorlé, qui ne perdait jamais courage, me dit :

« Moïse, cours sur la place, dépêche-toi, on pourrait te mettre en prison. »

C'était une femme pleine de raison, elle me poussait par les épaules, et, malgré les larmes de Zeffen, je descendis en criant :

« *Rebbe,* ma confiance est en vous... Sauvez-les ! »

Je ne voyais plus clair, je traversais les tas de neige, comme un malheureux, courant à l'hôtel de ville, où la garde nationale se trouvait déjà réunie. J'arrivai juste pour répondre à l'appel, et chacun peut se figurer dans quel trouble, car Zeffen, Sorlé, Sâfel et les petits enfants abandonnés étaient en quelque sorte devant mes yeux. Qu'est-ce que me faisait Phalsbourg? J'aurais ouvert les portes tout de suite pour avoir la paix.

Les autres n'avaient pas l'air trop content non plus : tous songeaient à leurs familles.

Notre gouverneur Moulin, le lieutenant-colonel Brancion, les capitaines Renvoyé, Vigneron, Grébillet, seuls, avec leurs grands chapeaux de travers, ne s'inquiétaient de rien. Ils auraient tout fait massacrer et brûler pour l'Empereur. Le gouverneur disait même en riant qu'il rendrait la ville, quand les obus allumeraient son mouchoir de poche. Juge, d'après cela, du bon sens d'un être pareil!

Enfin ils nous passèrent en revue, pendant que les vieillards, les infirmes, les femmes et les enfants, par bandes, traversaient la place pour aller aux casemates.

C'est là que je vis passer notre petite charrette à bras, avec les couvertures et les matelas roulés dessus. Le vieux *rebbe* était dans le brancard, Sâfel poussait derrière. Sorlé portait David, Zeffen Esdras. Elles marchaient dans la boue, les cheveux défaits comme lorsqu'on se sauve d'un incendie; mais elles ne disaient rien et s'avançaient en silence au milieu de cette grande désolation.

J'aurais donné ma vie pour aller à leur secours,

et il fallait rester en rang. Ah! les vieillards de mon temps ont vu des choses terribles; combien de fois ont-ils pensé : — Heureux celui qui vit seul dans ce monde, il ne souffre que pour lui-même, il ne voit point pleurer et gémir ceux qu'il aime, sans pouvoir les consoler!

Aussitôt après la revue, on détacha les canonniers bourgeois aux poudrières, pour approvisionner les pièces, les pompiers à la vieille halle, pour sortir les pompes, et nous autres, avec un demi-bataillon du 6e léger, aux corps de garde de la place, pour former les postes et fournir les patrouilles.

Les deux autres bataillons étaient déjà partis aux avant-postes des Trois-Maisons, de la Fontaine-du-Château, des blockhaus, des demi-lunes, de la ferme Ozillo et des Maisons-Rouges, hors de la ville.

Notre poste à la mairie était de trente-deux hommes : seize de la ligne en bas, commandés par le lieutenant Schnindret, seize de la garde nationale en haut, commandés par Desplaces Jacob. Le logement de Burrhus nous servait de corps de garde. C'était une grande salle avec des madriers de six pouces, et des poutres comme on n'en trouve plus aujourd'hui dans nos forêts. Un gros poêle de fonte, rond, posé sur une dalle de quatre pieds carrés, tenait le coin à gauche près de la porte; les tuyaux en zigzag entraient dans la cheminée à droite, des tas de bûches remplissaient le fond.

Il me semble encore être dans cette salle; l'eau de neige, qu'on secouait en entrant, coulait sur le plancher. Je n'ai jamais vu de jour plus triste que celui-là, non-seulement parce que les bombes et les boulets pouvaient pleuvoir sur nous d'une minute à l'autre et mettre tout en feu, mais à cause de la neige fondante et de la boue, à cause de l'humidité qui vous entrait jusque dans les os, et des ordres du sergent, qui ne faisait que crier :

« Un tel et un tel, en route!

— Un tel, en avant, c'est ton tour! » et cætera.

Et puis les farces, les plaisanteries de ce tas de couvreurs, de savetiers, de plâtriers, avec leurs blouses rapiécées, leurs souliers éculés, leur morceau de casquette sans visière, assis en cercle autour du fourneau, les guenilles collées sur les reins, qui vous tutoyaient comme des gueux de leur espèce, criant : « Moïse, passe-moi la cruche! — Moïse, donne-moi du feu! — Ah! gueux de juifs, quand on risque sa peau pour conserver leurs biens, ils font encore les fiers! Ah! les fainéants! » Et ils se clignaient de l'œil l'un à l'autre, en se poussant du coude, ils se faisaient des grimaces de côté. Plusieurs auraient même voulu m'envoyer leur chercher du tabac, à mon compte!... Enfin toutes les avanies qu'un honnête homme peut supporter avec de la racaille! Oui... voilà ce qui me dégoûte encore quand j'y pense.

Dans ce corps de garde, où l'on brûlait des bûches entières comme de la paille, les vieilles guenilles qui rentraient trempées, en se mettant à fumer ne sentaient pas bon. A chaque instant j'étais forcé de sortir sur la petite plate-forme, derrière la halle, pour respirer, et l'eau froide que le vent chassait des gouttières me faisait rentrer aussitôt.

Plus tard, en me rappelant tout cela, j'ai pensé que, sans ces misères, l'idée de Sorlé, de Zeffen et des petits enfants enfermés dans une cave m'aurait crevé le cœur, et que ces ennuis m'empêchèrent de devenir fou.

Cela dura jusqu'au soir. On ne faisait qu'entrer et sortir, s'asseoir, fumer des pipes, puis se remettre à battre le pavé sous la pluie, ou rester en faction des heures entières à l'entrée des poternes.

Vers neuf heures, comme tout était devenu sombre dehors et qu'on n'entendait plus que le passage des patrouilles, les cris des sentinelles sur les remparts : « Sentinelles, prenez garde à vous! » et le roulement des pas de nos rondes remontant ou descendant le grand escalier de bois de la mairie, tout à coup l'idée me vint que les Russes nous avaient seulement menacés pour nous faire peur, mais que tout cela ne signifiait rien et que la nuit s'écoulerait sans obus.

Pour bien me mettre avec les gens, j'avais demandé à Monborne la permission d'aller chercher une cruche d'eau-de-vie, et tout de suite il me l'avait donnée. J'avais profité de l'occasion pour casser une croûte et pour boire un verre de vin à la maison. Ensuite j'étais revenu, et tous les hommes du poste m'avaient fait bonne mine; ils se passaient la cruche de l'un à l'autre, en disant que mon eau-de-vie était très-bonne, et que le sergent me donnerait la permission d'aller la remplir tant que je voudrais. — Monborne répondait :

« Oui, puisque c'est Moïse, il aura la permission, mais pas un autre. »

Enfin, nous étions là tout à fait bien ensemble, et pas un ne pensait au bombardement, quand un éclair rouge s'étendit sur les hautes fenêtres de la salle; tous nos hommes se retournèrent, et, quelques secondes après, l'obusier gronda sur la côte de Bigelberg. En même temps un second, puis un troisième éclair passèrent à la file dans la grande salle sombre, en nous découvrant la ligne des maisons en face.

Tu ne peux pas te faire une idée de ces premières lueurs dans la nuit, Fritz! Le caporal Winter, un ancien soldat, qui faisait le métier de râper du tabac pour Tribou, se baissa tranquillement et dit en allumant sa pipe :

« Ça, c'est le commencement de la danse. »

Et presque aussitôt on entendait un obus éclater à droite, dans le quartier d'infanterie, un autre à gauche, dans la maison Piplinger, sur la place, un autre près de chez nous, dans la maison Hemmerlé.

Quand on pense à cela, même au bout de trente ans, on ne peut s'empêcher de frémir.

Toutes les femmes étaient aux casemates, excepté quelques vieilles servantes, qui n'avaient pas voulu quitter leur cuisine, et qui criaient d'une voix traînante :

« Au secours ! Au feu ! »

Chacun alors voyait clairement que nous étions perdus ; les anciens soldats seuls, courbés sur leur banc autour du fourneau, la pipe à la bouche, avaient l'air de ne pas s'inquiéter, comme des gens qui n'ont rien à perdre.

Le pire, c'est que dans le moment où les canons de l'arsenal et de la poudrière commençaient à répondre aux Russes, et que toutes les vitres de la vieille bâtisse en grelotaient, le sergent Monborne se mit à crier :

« Somme, Chevreux, Moïse, Dubourg, en route ! »

Envoyer des pères de famille rôder dehors, à

travers la boue, quand on risque de recevoir des éclats d'obus, des tuiles et des cheminées entières sur le dos, à chaque pas, c'est en quelque sorte contre nature; rien que de l'entendre, je sentis une indignation extraordinaire.

Somme et le gros aubergiste Chevreux se retournèrent aussi pleins d'indignation; ils auraient voulu crier :

« C'est abominable ! »

Mais ce gueux de Monborne était sergent, on n'osait lui répondre, ni même le regarder de travers; et comme le caporal de ronde Winter avait déjà décroché son fusil, et qu'il nous faisait signe d'avancer, chacun prit les armes et le suivit.

C'est en descendant l'escalier de la mairie qu'il aurait fallu voir la lumière rouge entrer coup sur coup dans tous les recoins, sous les marches et les chevrons vermoulus, c'est alors qu'il aurait fallu entendre gronder nos pièces de vingt-quatre; le vieux nid à rats en tremblait jusque dans ses fondations, on aurait cru que tout allait tomber ensemble. Et sous la voûte, en bas, du côté de la place d'Armes, cette lumière, qui s'étendait depuis les tas de neige jusqu'au haut des toits, qui vous montrait les pavés luisants, les flaques d'eau, les cheminées, les lucarnes, et tout au fond de la rue la caserne de cavalerie, la sentinelle dans sa guérite, près de la grande porte : Quel spectacle! C'est alors qu'on pensait :

« Tout est fini!... tout est perdu!... »

Deux obus passaient en même temps sur la ville, ce sont les premiers que j'aie vus; ils allaient si lentement, qu'on pouvait les suivre dans le ciel sombre; tous les deux tombèrent dans les fossés, derrière l'hôpital. La charge était trop forte, heureusement pour nous.

Je ne disais rien, ni les autres non plus, chacun réfléchissait; les cris : « Sentinelles, prenez garde à vous! » qui se répondaient d'un bastion à l'autre tout autour de la place, nous prévenaient du danger terrible que nous courions.

Le caporal Winter, avec sa vieille blouse déteinte et son bonnet de coton crasseux, les épaules penchées, le fusil en bandoulière, un bout de pipe entre les dents, et le falot plein de suif ballottant au bout de son bras, marchait devant nous, en criant :

« Attention aux éclats d'obus... Qu'on se jette à plat ventre... Vous m'entendez? »

J'ai toujours pensé que cette espèce de vétéran détestait les bourgeois, et qu'il disait cela pour augmenter notre peur.

Un peu plus loin, à l'entrée du cul-de-sac où demeurait Cloutier, il fit halte.

« Avancez! » criait-il, — car nous marchions à

la file sans nous voir; et quand nous fûmes près de lui, il nous dit : « Ah ça! vous autres, tâchez d'emboîter le pas! Notre patrouille est pour empêcher le feu de se déclarer quelque part; aussitôt qu'on verra rouler un obus, Moïse courra dessus arracher la mèche. »

En même temps il éclata de rire tellement, que la colère me prit :

« Je ne suis pas venu pour qu'on se moque de moi, lui dis-je; si l'on me prend pour une bête, je jette là mon fusil et ma giberne, et je m'en vais aux casemates! »

Alors il se mit à rire plus fort, en s'écriant :

« Moïse, conserve le respect de tes chefs, ou gare le conseil de guerre! »

Les autres auraient bien voulu rire aussi, mais les éclairs recommençaient, ils descendaient la rue du Rempart, et poussaient l'air devant eux, comme des coups de vent : les pièces du bastion de l'arsenal venaient de tirer. En même temps un obus éclatait dans la rue des Capucins : la cheminée et la moitié du toit de Spick descendaient dans la rue avec un fracas épouvantable.

« Allons, en route! » cria Winter.

Tout le monde était redevenu grave. Nous suivions le falot vers la porte de France. Derrière nous, dans la rue des Capucins, un chien poussait des cris qui ne finissaient plus. De temps en temps Winter s'arrêtait, nous écoutions tous, rien ne bougeait, on n'entendait plus que ce chien et les cris : « Sentinelles, prenez garde à vous! » La ville semblait comme morte.

Nous aurions dû rentrer au corps de garde, car on ne pouvait rien voir; mais le falot descendait du côté de la porte, en ballottant au-dessus de la rigole. Ce Winter avait trop bu d'eau-de-vie!

Chevreux disait :

« Notre présence est inutile dans cette rue; nous ne pouvons pas empêcher les boulets de passer. »

Mais Winter criait toujours :

« Viendrez-vous? »

Et nous étions forcés d'obéir.

En face des écuries de Genodet, où commençaient les anciens greniers à foin de la gendarmerie, tournait une ruelle à gauche, du côté de l'hôpital. Elle était pleine de fumiers et de trous à purin, c'était un véritable conduit. Eh bien! ce gueux de Winter s'avançait là-dedans; et comme sans le falot on ne voyait pas à ses pieds, il fallait le suivre. Nous avancions donc à tâtons, les toits des hangars au-dessus de nous, en longeant les murs décrépits. On aurait cru que nous ne sortirions jamais de ce boyau, quand près de l'hôpital, au milieu des grands carrés de fumier qu'on avait l'habitude d'entasser contre la grille de l'égout, nous revîmes clair.

La nuit nous paraissait alors moins sombre, le toit de la porte de France et la ligne des fortifications se découpaient en noir sur le ciel ; et presque aussitôt je vis une figure se glisser entre les arbres, au haut du rempart. C'était un soldat penché, les mains presque à terre. On ne tirait pas de ce côté, les éclairs venaient de loin par-dessus les toits, et ne descendaient pas au fond des rues.

J'arrêtai Winter par le bras, en lui montrant cet homme, et tout de suite il cacha notre falot sous sa blouse. Le soldat, qui nous tournait le dos, s'était redressé; il regardait et semblait écouter. Cela dura bien deux ou trois minutes; ensuite il passa par-dessus la rampe au coin du bastion, et nous entendîmes quelque chose râcler le mur du rempart.

Aussitôt Winter se mit à courir en criant :

« Un déserteur !... A la poterne !... »

On parlait déjà de déserteurs qui se laissaient glisser dans les fossés, au moyen de leur baïonnette. — Nous courions tous. La sentinelle nous cria :

« Qui vive ? »

Winter répondit :

« Patrouille bourgeoise. »

Il s'avança, donna le mot d'ordre, et nous descendîmes l'escalier de la poterne, comme des furieux.

En bas, au pied des grands bastions bâtis sur le rocher, nous ne vîmes plus rien que la neige, les grosses pierres noires, et les broussailles couvertes de givre. Le déserteur n'avait qu'à se tenir tranquille sous les buissons; notre falot, qui ne faisait que son étoile de quinze à vingt pas dans ces fossés à perte de vue, se serait promené jusqu'au matin sans le découvrir, et même nous aurions fini par croire qu'il s'était sauvé. Malheureusement pour lui, la peur le poussait, et de loin nous le vîmes courir à l'escalier qui monte aux chemins couverts. Il allait comme le vent; Winter criait : « Halte! ou je tire! » mais il ne s'arrêtait pas, et tous ensemble nous courions sur ses traces, criant :

« Arrête!... arrête!... »

Winter m'avait donné le falot pour courir plus vite; je suivais de loin en pensant :

« Moïse, si cet homme est pris, tu seras cause de sa mort. »

J'aurais bien voulu souffler le falot; mais si Winter m'avait vu, il aurait été capable de m'assommer d'un coup de crosse. Depuis longtemps il espérait la croix, et pensait toujours qu'il pourrait l'avoir avec la pension.

Le déserteur courait donc à l'escalier. Tout à coup il s'aperçut qu'on avait retiré l'échelle qui monte au niveau des huit premières marches, et s'arrêta stupéfait!... Nous approchions... il nous entendit, et se remit à courir plus vite, à droite, du côté de la demi-lune. Le pauvre diable roulait par-dessus les tas de neige; Winter l'ajustait chaque fois en criant :

« Halte! Rends-toi! »

Mais il se relevait et recommençait à courir.

Derrière l'avancée, sous le pont-levis, on croyait l'avoir perdu; le caporal me criait : « Approche donc, mille tonnerres! » quand nous le vîmes appuyé contre le mur, pâle comme la mort; Winter alors lui mit la main sur le collet et dit :

« Je te tiens! »

Ensuite il lui arracha une épaulette en criant :

« Tu n'es pas digne de porter ça!... Allons!... avance! »

Il l'entraîna hors de son coin, leva le falot en face de sa figure, et nous vîmes un beau garçon de dix-huit à dix-neuf ans, grand, mince, avec de toutes petites moustaches blondes et des yeux bleus.

En le voyant là si pâle, le poing de Winter sur la gorge, je me représentai le père et la mère de ce malheureux; mon cœur se serra, je ne pus m'empêcher de dire :

« Allons, Winter c'est un enfant... un véritable enfant... il ne recommencera plus!... »

Mais Winter, qui croyait déjà tenir la croix, se retourna furieux en me criant :

« Dis donc, toi, juif, tâche de te taire, ou je te passe ma baïonnette dans le ventre! »

Et je pensai :

« Canaille! que ne fait-on pas, pour avaler des petits verres jusqu'à la fin de ses jours? »

J'avais de l'horreur pour cet homme : il y a des bêtes féroces dans la race humaine!

Chevreux, Somme et Dubourg ne disaient rien.

Winter se mit donc en marche du côté de la poterne, la main sur le collet du déserteur.

« S'il s'arrête, criait-il, donnez-lui des coups de crosse dans le dos. Ah! brigand, tu désertes en face de l'ennemi... Ton affaire est claire; mardi prochain, tu dormiras sous le gazon de la demi-lune... Avanceras-tu?... Donnez-lui donc des coups de crosse, fainéants! »

Ce qui me faisait le plus de peine, c'était d'entendre les grands soupirs du malheureux; il soupirait tellement, à cause de l'épouvante d'être pris et de savoir qu'il serait fusillé, qu'on l'entendait à quinze pas; la sueur m'en coulait sur le front. Et puis de temps en temps il se tournait, et me regardait avec de grands yeux que je n'oublierai jamais, comme pour me dire :

« Sauvez-moi! »

Si j'avais été seul avec Dubourg et Chevreux, nous l'aurions relâché; mais Winter l'aurait plutôt massacré.

C'est ainsi que nous arrivâmes au bas de la poterne. On fit passer le déserteur devant. En haut, un sergent, avec quatre hommes du poste voisin, était déjà là, qui nous attendait.

« Qu'est-ce que c'est? demanda le sergent.

— Un déserteur, » répondit Winter.

Le sergent, — un vieux, — regarda et dit :

« Menez-le au poste.

— Non, répondit Winter, il va venir avec nous au poste de la place.

— Je vais vous donner deux hommes de renfort, dit le sergent.

— Nous n'en avons pas besoin, répondit Winter brusquement; nous l'avons pris tout seuls, et nous sommes assez forts pour le garder. »

Alors le sergent vit que nous aurions seuls la gloire, et ne répondit plus rien.

Nous repartîmes l'arme au bras; le prisonnier, tout déchiré et sans shako, marchait au milieu de nous.

Bientôt nous arrivâmes sur la petite place; il ne restait plus qu'à traverser la vieille halle pour entrer au corps de garde. Le canon de l'arsenal tonnait toujours; comme nous allions sortir de la halle, un de ses éclairs remplit la voûte en face; le prisonnier vit la porte du cachot, à gauche, avec ses grosses serrures, et cette vue lui donna des forces terribles : il s'arracha le collet, et se rejeta sur nous, les deux bras écartés en arrière.

Winter avait été presque renversé, mais ensuite il se précipita sur le déserteur, en criant :

« Ah ! brigand ! tu veux te sauver ! »

Nous ne voyions plus rien, le falot roulait à terre. Chevreux criait :

« A la garde!... à la garde!... »

Tout cela ne dura pas même une minute, et la moitié du poste d'infanterie arrivait déjà, sous les armes. Nous revîmes alors le prisonnier, assis au bord de la rampe, entre les piliers; le sang lui coulait de la bouche; il n'avait plus que la moitié de sa veste, et se penchait en tremblant des pieds à la tête.

Winter le tenait par la nuque, et dit au lieutenant Schnindret, qui regardait :

« Un déserteur, lieutenant; il a voulu s'échapper deux fois, mais Winter était là.

— C'est bon, répondit le lieutenant, qu'on cherche le geôlier. »

Deux soldats s'éloignèrent. Plusieurs de nos camarades de la garde nationale étaient descendus; personne ne disait rien. Malgré la dureté des hommes, quand on voit un malheureux dans cette position, et qu'on pense : « Après-demain il sera fusillé ! » chacun se tait, et même un grand nombre le relâcheraient s'ils pouvaient.

Au bout de quelques instants, Harmantier, avec sa camisole en tricot et sa trousse de clefs, arriva.

Le lieutenant lui dit :

« Enfermez cet homme ! — Allons, debout et marchez ! » dit-il au déserteur, qui se leva et suivit Harmantier, entouré de tout le monde.

Le geôlier ouvrit les deux portes massives du cachot; le prisonnier entra sans résistance, puis les grosses serrures et les verrous se refermèrent.

Le lieutenant nous dit :

« Que chacun retourne à son poste. »

Et nous remontâmes l'escalier de la mairie.

Ces choses m'avaient tellement bouleversé, que je ne pensais plus à ma femme et à mes enfants. Mais une fois en haut, dans la grande salle chaude, pleine de fumée, — avec toute la race qui riait et se glorifiait d'avoir pris un pauvre déserteur sans défiance, — songeant que j'étais la cause de ce malheur, la désolation entra dans mon âme; je m'étendis sur le lit de camp, rêvant à toutes les misères de ce monde, à Zeffen, à Sâfel, à mes enfants, qui peut-être un jour seraient arrêtés aussi, parce qu'ils n'aimeraient pas la guerre. — Et les paroles de l'Éternel me revinrent, lorsque le peuple voulait un roi, et qu'il dit à Samuel :

« Obéis à la voix des peuples en ce qu'ils te demanderont, car ce n'est pas toi qu'ils rejettent, c'est moi-même, afin que je ne règne point sur eux. Mais ne manque pas de leur prophétiser comment les traitera le roi qu'ils vont choisir. Dis-leur : — Ce roi prendra vos fils et les mettra dans ses armées, pour courir devant son char. Il les prendra pour ses instruments de guerre. Il prendra aussi vos filles, pour en faire des parfumeuses. Il prendra vos champs, vos vignes et les terres où sont vos bons oliviers, et il les donnera à ses serviteurs. Il prendra vos serviteurs et vos servantes et l'élite de vos jeunes gens. Il dîmera vos troupeaux et vous serez ses esclaves. En ce jour-là vous crierez, mais l'Éternel ne vous écoutera point. »

Ces pensées me désolaient; ma seule consolation était de savoir mes fils Frômel et Itzig en Amérique. Je résolus d'envoyer aussi Sâfel, David et Esdras là-bas, quand le temps serait venu.

Ces rêveries durèrent jusqu'au jour. Je n'écoutais point les éclats de rire ni les plaisanteries des gueux. De temps en temps ils venaient me secouer en disant :

« Moïse, va remplir ta cruche d'eau-de-vie, le sergent te donne la permission. »

Mais je ne voulais pas les entendre.

Vers quatre heures du matin, nos canons de l'arsenal ayant démonté les obusiers des Russes sur la côte des Quatre-Vents, les patrouilles cessèrent.

A sept heures juste on vint nous relever. Nous descendîmes un à un, le fusil sur l'épaule. On se mit en rang devant la mairie, et le capitaine Vigneron nous commanda :

« Portez armes! Présentez armes! Haut armes! Rompez les rangs! »

Chacun partit de son côté, bien content d'être débarrassé de la gloire.

Je pensais courir tout de suite aux casemates, — après avoir déposé mon fusil, — chercher Sorlé, Zeffen et les enfants; mais quelle ne fut pas ma joie de voir le petit Sâfel déjà sur notre porte! A peine m'eut-il vu tourner le coin, qu'il accourut en criant :

« Nous sommes tous rentrés... nous t'attendons. »

Je me baissai pour l'embrasser. Dans le même instant, Zeffen ouvrait la fenêtre en haut et me montrait son petit Esdras, Sorlé riait derrière; et je montai bien vite, bénissant le Seigneur de nous avoir délivrés de tous les malheurs, et m'écriant en moi-même :

« L'Éternel est pitoyable, miséricordieux, tardif en sa colère, abondant en ses grâces. Que la gloire de l'Éternel soit à toujours! Que l'Eternel se réjouisse en ses œuvres! »

XIV

C'est encore un des bons moments de ma vie, Fritz. A peine en haut, Zeffen et Sorlé étaient dans mes bras; les petits êtres se penchaient sur mes épaules, je sentais leurs bonnes grosses lèvres sur mes joues; Sâfel me tenait par la main, et je ne pouvais rien dire, mes yeux se remplissaient de larmes.

Ah! si nous avions eu Baruch avec nous, quel aurait été notre bonheur!

Enfin, j'allai déposer mon fusil et suspendre ma giberne au fond de l'alcôve. Les enfants riaient, la joie était encore une fois à la maison. Et quand je revins dans ma vieille capote de castorine et mes gros bas de laine bien chauds, quand je m'assis dans le vieux fauteuil, en face de la petite table garnie d'écuelles, où Zeffen versait déjà la soupe; quand je me revis au milieu de toutes ces figures contentes, les yeux écarquillés et les petites mains tendues, j'aurais voulu chanter comme un vieux pinson sur sa branche, au-dessus du nid où les petits ouvrent le bec et battent des ailes.

Je les bénis cent fois en moi-même. Sorlé, qui voyait dans mes yeux ce que je pensais, me dit :

« Ils sont encore là tous ensemble, Moïse, comme ils étaient hier; le Seigneur les a préservés.

— Oui, que le nom de l'Éternel soit béni dans tous les siècles ! » lui répondis-je.

Pendant le déjeuner, Zeffen me raconta leur arrivée dans la grande casemate de la caserne, pleine de gens étendus à droite et à gauche sur des paillasses, les cris des uns, l'épouvante des autres, qui gagnait tout le monde, le tourment de la vermine, l'eau qui dégouttait de la voûte, la quantité d'enfants qui ne pouvaient pas dormir, et qui ne faisaient que pleurer, les plaintes de cinq ou six vieux criant de minute en minute :

« Ah ! c'est notre dernière heure !... Ah ! qu'il fait froid !... Ah ! nous n'en reviendrons pas... c'est fini !... »

Puis tout à coup le grand silence qui s'était établi, quand le canon avait tonné vers dix heures, ces coups qui se suivaient d'abord lentement, ensuite comme le roulement d'un orage, les éclairs qu'on voyait à travers les blindages de la porte au fond, la vieille Christine Evig, qui récitait son chapelet tout haut comme à la procession, et les autres femmes qui lui répondaient ensemble.

En me racontant ces choses, Zeffen serrait son petit Esdras avec force, et moi qui tenais David sur mes genoux, je l'embrassais en pensant :

« Oui, mes pauvres enfants, vous avez bien souffert ! »

Malgré la joie de nous voir tous sauvés, l'idée du déserteur dans son cachot à l'hôtel de ville me revenait : il avait aussi ses parents ! Et quand on songe à toutes les peines que les père et mère ont eues pour élever un enfant, aux nuits qu'ils ont passées pour le consoler lorsqu'il pleurait, à leurs soucis lorsqu'il était malade, à leurs espérances lorsqu'ils le voyaient grandir ; et puis qu'on se figure quelques vétérans réunis autour d'une table, pour le juger et l'envoyer tranquillement fusiller derrière le bastion de la Glacière, cela vous fait frémir, surtout quand on se dit :

« Sans moi, ce garçon courrait les champs ; il serait sur le chemin de son village ; il arriverait peut-être demain à la porte des pauvres vieux et leur crierait : — Ouvrez... c'est moi !... »

Des idées pareilles seraient capables de vous tourner la tête.

Je n'osais rien dire à ma femme et à mes enfants de l'arrestation du malheureux; j'étais là tout pensif.

Dehors, les détachements de La Roulette, des Trois-Maisons de La Fontaine-du-Château passaient dans la rue en marquant le pas; des bandes d'enfants couraient dans la ville à la recherche des éclats d'obus; les voisins se réunissaient pour se raconter les histoires de la nuit : les toits défoncés, les cheminées renversées, les peurs qu'on avait eues. On entendait leurs voix monter et descendre, leurs éclats de rire. Et j'ai vu par la suite que c'était chaque fois la même chose après un bombardement; aussitôt l'averse passée, on n'y pensait plus, on criait :

« Vive la joie!... Les ennemis sont en déroute. »

Comme nous étions là tout rêveurs, quelqu'un monta l'escalier. Nous écoutons, et notre sergent, son fusil sur l'épaule, la capote et les guêtres couvertes de boue, ouvre la porte en criant :

« A la bonne heure, père Moïse, à la bonne heure, on s'est distingué cette nuit!

— Hé! qu'est-ce que c'est donc, sergent? lui demanda ma femme tout étonnée.

— Comment, il ne vous a pas encore raconté son action d'éclat, madame Sorlé? Il ne vous a pas dit que le garde national Moïse, sur les neuf heures, étant en patrouille au bastion de l'Hôpital, a signalé et puis arrêté un déserteur en flagrant délit! C'est sur le procès-verbal du lieutenant Schnindret.

— Mais je n'étais pas seul, m'écriai-je désolé, nous étions quatre.

— Bah! vous avez découvert la piste, vous êtes descendu dans les fossés, vous avez porté le falot. Père Moïse, il ne faut pas diminuer votre belle action, vous avez tort. Vous allez être proposé pour caporal. Demain, le conseil de guerre se réunit à neuf heures. Soyez tranquille, on va soigner votre homme! »

Représente-toi ma mine, Fritz; Sorlé, Zeffen, les enfants me regardaient, et je ne savais quoi répondre.

« Allons, reprit le sergent en me serrant la main, je vais changer de tenue. Nous recauserons de ça, père Moïse. J'ai toujours dit que vous finiriez par être un fameux lapin. »

Il riait en dessous, comme à l'ordinaire, en clignant des yeux, puis il traversa l'allée et entra dans sa chambre.

Ma femme était toute pâle.

« C'est donc vrai, Moïse? me dit-elle au bout d'un instant.

— Hé! je ne savais pas qu'il voulait déserter, Sorlé, lui répondis-je. Et puis ce garçon aurait dû regarder de tous les côtés; il aurait dû descendre sur la place de l'Hôpital, faire le tour des fumiers, et même entrer dans la ruelle, pour voir si personne ne venait; il est cause lui-même de son malheur. Moi, je ne savais rien, je... »

Mais Sorlé ne me laissa pas finir et s'écria :

« Vite, Moïse, cours chez Burguet; si cet homme est fusillé, son sang retombera sur nos enfants. Dépêche-toi, ne perds pas une minute. »

Elle levait les mains, et je sortis dans un grand trouble.

Ma seule crainte était de ne pas trouver Burguet chez lui; heureusement, en ouvrant sa porte au premier étage de l'ancienne maison Cauchois, je vis le grand Vésenaire en train de lui faire la barbe, au milieu des tas de bouquins et de papiers qui remplissaient sa chambre.

Burguet était assis, la serviette au menton.

« Hé! c'est vous, Moïse! s'écria-t-il tout joyeux; qu'est-ce qui me procure le bonheur de votre visite?

— Je viens vous demander un service, Burguet.

— Si c'est un service d'argent, fit-il, nous allons être embarrassés. »

Il riait, et sa servante, Marie Loriot, qui nous entendait de la cuisine, ouvrit la porte et pencha sa tignasse rousse dans la chambre, en criant :

« Je crois bien que nous serons embarrassés!

Nous devons encore notre barbe à Vésenaire depuis trois mois ; n'est-ce pas, Vésenaire ? »

Elle disait cela sérieusement, et Burguet, au lieu de se fâcher, riait de bon cœur. J'ai toujours pensé qu'un homme de tant d'esprit avait en quelque sorte besoin de voir la bêtise humaine incarnée dans un être pareil, pour rire à son aise et se faire du bon sang. Jamais il n'a voulu renvoyer cette Marie Loriot.

Enfin, pendant que Vésenaire continuait à le raser, je lui racontai notre patrouille et l'arrestation du déserteur, en le priant de défendre ce malheureux, et lui disant qu'il était seul capable de le sauver et de rendre la tranquillité non-seulement à moi, mais à Sorlé, à Zeffen, à toute ma maison, car nous étions tous désolés, et nous mettions notre confiance en lui.

« Ah ! vous me prenez par mon faible, Moïse, s'écria-t-il ; du moment que je puis seul sauver cet homme, il faut bien que j'essaye. Mais ce sera difficile ! Depuis quinze jours, la désertion commence... Le conseil veut faire un exemple... L'affaire est grave ! — Vous avez de la monnaie, Moïse, donnez quatre sous à Vésenaire pour aller boire la goutte. »

Je donnai quatre sous à Vésenaire, qui sortit en faisant un grand salut. Ensuite Burguet finit de s'habiller, il me prit par le bras, en disant :

« Allons voir! »

Et nous descendîmes ensemble pour aller à la mairie.

Bien des années se sont écoulées depuis ce jour, eh bien! il me semble encore arriver sous la voûte et entendre Burguet crier :

« Hé! sergent, faites prévenir le guichetier que le défenseur du prisonnier est là. »

Harmantier arrive, il salue et ouvre la porte. Nous descendons dans ce cachot plein de puanteur, et nous voyons dans le coin à droite, sur de la paille, une figure ramassée en rond.

« Levez-vous, dit Harmantier, voici votre défenseur. »

Le malheureux se remue, il se lève dans l'ombre; Burguet se penche, en disant :

« Voyons... du courage! Je viens m'entendre avec vous sur la défense. »

Et l'autre se met à sangloter.

Quand un homme est renversé, déchiré, battu jusqu'à ne pouvoir plus se tenir sur ses jambes, quand il sait que la loi est contre lui, qu'il faut mourir sans revoir ceux qu'il aime, il devient faible comme un enfant. Ceux qui battent leurs prisonniers sont de grands misérables.

« Voyons, asseyez-vous là sur le bord du lit de camp, dit Burguet. Comment vous appelez-vous? de quel endroit êtes-vous? Harmantier, donnez donc un peu d'eau à cet homme, pour qu'il se rafraîchisse et se lave?

— Il en a, monsieur Burguet, il en a dans ce coin.

— Ah! bien.

— Remettez-vous, mon garçon. »

Plus il parlait avec douceur, plus le malheureux pleurait. Il finit pourtant par dire que sa famille demeurait près de Gérarmer, dans les Vosges; que son père s'appelait Mathieu Belin, qu'il était pêcheur à Retournemer.

Burguet lui tirait chaque parole de la bouche; il voulait tout savoir en détail sur le père et la mère, les frères et les sœurs.

Je me rappelle que le père avait servi sous la République, et qu'il avait même été blessé à Fleurus; que le frère aîné était mort en Russie; que celui-ci se trouvait être le deuxième garçon enlevé par la conscription, et qu'il restait à la maison trois sœurs plus jeunes que lui.

Tout cela venait lentement; les coups de Winter l'avaient tellement abattu, qu'il se laissait aller et s'affaissait comme un corps sans âme.

Tu penses bien, Fritz, qu'il y avait encore autre chose — ce garçon était jeune! — quelque chose qui me rappela le temps où j'allais de Phalsbourg à Marmoutier en deux heures, pour voir Sorlé... Ah! le malheureux, quand il nous raconta cette histoire, en sanglotant, la figure dans ses mains, je sentis mon cœur se fondre.

Burguet était bouleversé; lorsqu'au bout d'une heure nous ressortîmes, il s'écria :

« Allons... espérons!... Vous serez jugé demain... Ne perdez pas tout courage. — Harmantier, il faut donner une capote à cet homme; le froid est terrible, surtout la nuit. Votre affaire est grave, mon garçon, mais elle n'est pas désespérée. Tâchez de vous présenter le plus proprement possible à l'audience; le conseil a toujours des égards pour les accusés en bonne tenue. »

Une fois dehors, il me dit :

« Moïse, vous enverrez une chemise propre à cet homme. Sa veste est déchirée, n'oubliez pas de lui faire parvenir une tenue complète; c'est toujours par la tenue que les soldats jugent un homme.

— Soyez tranquille, » lui répondis-je.

Les portes du cachot étaient déjà refermées, nous traversions la halle.

« Maintenant, dit Burguet, je rentre. Je vais réfléchir. Il est heureux que le frère soit resté en Russie et que le père ait servi... c'est une ressource. »

Nous étions arrivés au coin de la rue du Rempart; il continua sa route, et je rentrai chez nous plus désolé qu'auparavant.

Tu ne peux pas te figurer mon chagrin, Fritz; quand on a toujours eu la conscience en repos, c'est terrible de se faire des reproches, de se dire :

« Si cet homme est fusillé, si le père, la mère, les sœurs, et l'autre là-bas qui l'attend sont dans la désolation, c'est toi, Moïse, qui en seras cause. »

Par bonheur, l'ouvrage ne manquait pas à la maison; Sorlé venait d'ouvrir le vieux magasin pour commencer à vendre nos eaux-de-vie, tout était plein de monde. Depuis huit jours les cabaretiers, les cafetiers, les aubergistes ne trouvaient plus à remplir leurs tonneaux; ils étaient sur le point de fermer boutique. Juge de la presse! Ils arrivaient tous à la file avec leurs brocs, leurs petites tonnes et leurs cruches. Les vieux ivrognes aussi se faisaient place, en écartant les coudes; Sorlé, Zeffen et Sâfel n'avaient pas le temps de servir.

Le sergent disait qu'il faudrait mettre un piquet à notre porte pour empêcher les disputes, car plusieurs de ces gens criaient qu'on avait passé leur tour, et que leur argent valait celui des autres.

Il se passera des années avant qu'on voie une foule pareille chez un marchand de Phalsbourg.

Je n'eus que le temps de dire à ma femme que

Burguet défendrait le déserteur, et de descendre à la cave remplir les deux tonnes du comptoir, qui étaient déjà vides.

Quinze jours après, Sorlé doubla les prix; nos deux premières pipes étaient vendues, et ce prix extraordinaire n'empêcha pas la presse de continuer.

Les gens trouvent toujours de l'argent pour l'eau-de-vie et pour le tabac, même lorsqu'il n'en reste plus pour le pain. Voilà pourquoi les gouvernements mettent leurs plus fortes impositions sur ces deux articles; elles seraient encore plus fortes, que l'on ne verrait pas de diminution; seulement les enfants périraient de misère.

J'ai vu cela, j'ai vu cette grande folie des hommes, et chaque fois que j'y pense, j'en suis étonné.

Enfin, ce jour-là, il fallut continuer de servir jusqu'à sept heures du soir, au moment de la retraite.

Le plaisir de gagner de l'argent m'avait fait oublier le déserteur; ce n'est qu'après souper, à la nuit close, que l'idée de cet homme me revint, mais je n'en dis pas un mot; nous étions tous si fatigués et si contents de la journée, que nous ne voulions pas nous troubler par des pensées pareilles. Seulement, après que Zeffen et ses enfants se furent retirés, je racontai à Sorlé notre visite au prisonnier. Je lui dis aussi que Burguet avait de l'espoir, ce qui lui fit bien plaisir.

Vers neuf heures, nous dormions tous à la grâce de Dieu !

XV

Cette nuit-là, Fritz, tu peux me croire, malgré la fatigue, je ne dormis pas beaucoup. L'idée du déserteur me tourmentait; je savais que s'il était fusillé, Zeffen et Sorlé ne s'en consoleraient jamais; je savais aussi qu'au bout de trois ou quatre ans la mauvaise race dirait :

« Regardez ce Moïse, avec sa grosse capote brune, son chapeau penché sur la nuque et son air de brave homme, eh bien! pendant le blocus, il a fait arrêter un pauvre déserteur qu'on a fusillé : fiez-vous donc à la mine des juifs! »

Voilà ce qu'on n'aurait pas manqué de dire, car la seule consolation des gueux est de faire croire que tout le monde leur ressemble.

Et puis, moi-même, combien de fois ne me serais-je pas reproché la mort de cet homme dans des temps de malheur, ou durant la vieillesse, quand on n'a plus une minute de repos ! Combien de fois ne me serais-je pas dit que c'était une punition de l'Éternel, que ce déserteur s'acharnait sur moi !

J'aimais donc mieux arranger l'affaire tout de suite, autant que possible, et sur les six heures du matin, j'étais dans ma vieille boutique de la halle, en train de choisir avec la lanterne des épaulettes et mes meilleurs effets. Je les mis dans une serviette, et je les portai chez Harmantier au petit jour.

Le conseil de guerre spécial, qu'on appelait le conseil de Ventôse, je ne sais pourquoi, devait se réunir à neuf heures ; il se composait du gros major, président, de quatre capitaines et de deux lieutenants. Le capitaine de la légion étrangère, Monbrun, devait être rapporteur, le brigadier Duphot, greffier.

Mais une chose étonnante, c'est que toute la ville le savait d'avance, et qu'à sept heures les Nicaise, les Pigot, les Vinatier, etc., sortaient de leurs baraques décrépites et remplissaient déjà toute la mairie : — la voûte, l'escalier, la grande salle en haut, — riant, sifflant, trépignant, comme les jours de combats d'ours, chez Klein, au *Bœuf*.

On ne voit plus rien de pareil aujourd'hui ; grâce à Dieu, les gens sont devenus plus doux, plus humains; mais, après toutes ces guerres, un déserteur faisait moins de pitié qu'un renard pris au collet, ou qu'un loup qu'on mène à la muselière.

En voyant cela, je perdis courage; toute l'admiration que j'avais pour le talent de Burguet ne m'empêcha pas de penser :

« Cet homme est perdu!... Qui pourrait le sauver, quand la multitude vient le voir condamner et mener au bastion de la Glacière? »

J'en fus accablé!

J'entrai dans la petite loge de Harmantier, tout tremblant, et je lui dis :

« Voici pour le déserteur. Remettez-lui cela de ma part.

— C'est bien! » fit-il.

Je lui demandai s'il avait confiance dans Burguet. Il leva les épaules et me répondit :

« Il faut des exemples! »

Dehors, les trépignements continuaient, et lorsque je sortis, des coups de sifflet partirent du balcon, de la voûte et de partout, avec les cris de :

« Moïse!... Hé! Moïse!... par ici!... »

Mais je ne tournai pas la tête, et je rentrai chez nous bien triste.

Sorlé me remit l'assignation de comparaître au conseil de guerre comme témoin, qu'un gendarme venait d'apporter; et jusque neuf heures je restai tout pensif derrière notre poêle, songeant au moyen d'excuser le prisonnier.

Sâfel jouait avec les enfants; Zeffen et Sorlé étaient descendues pour continuer à vendre nos eaux-de-vie.

Quelques instants avant neuf heures, je partis pour l'hôtel de ville; il était déjà tellement plein de monde, que, sans le piquet de la porte et les gendarmes répandus à l'intérieur, les témoins auraient eu de la peine à passer.

Dans le moment où j'arrivais là-haut, le capitaine Monbrun commençait à lire son rapport. Burguet se tenait assis en face, la tête penchée sur la main.

On me fit entrer dans une petite salle, où se trouvaient aussi Winter, Chevreux, Dubourg, avec le gendarme Fiegel; de sorte que nous n'entendîmes rien avant d'être appelés.

Contre le mur à droite, on voyait écrit en grosses lettres que ceux des témoins qui ne diraient pas la vérité passeraient au conseil, et supporteraient la même peine que l'accusé principal. Cela vous donnait à réfléchir, et je résolus tout de suite de ne rien cacher d'après la justice et le bon sens. Le gendarme nous avertit aussi qu'il nous était défendu de parler entre nous.

Au bout d'un quart d'heure, on appela Winter, et puis, de dix minutes en dix minutes, Chevreux, Dubourg et moi.

Quand je rentrai dans la salle du conseil, les juges étaient tous à leur place; le gros-major avait posé son chapeau devant lui, sur le bureau; le greffier taillait sa plume. Burguet me regarda d'un air calme. Dehors on trépignait, et le major dit au brigadier :

« Prévenez le public que, si ce bruit continue, je vais faire évacuer la mairie. »

Aussitôt le brigadier sortit, et le major me dit :

« Garde national Moïse, faites votre déposition. Que savez-vous? »

Je racontai les choses simplement. Le déserteur à gauche, entre deux gendarmes, avait plutôt l'air mort que vivant. J'aurais bien voulu le décharger de tout; mais quand on a peur pour son propre compte, quand de vieux officiers en grande tenue, les sourcils froncés, vous regardent jusqu'au fond de l'âme, le plus simple et le meilleur, c'est de ne pas mentir : un père de famille doit d'abord penser à ses enfants! Enfin, je racontai tout ce que j'avais vu, ni plus ni moins, et finalement le major me dit :

« Cela suffit! Vous pouvez vous retirer. »

Mais voyant que les autres, Winter, Chevreux, Dubourg restaient assis sur le banc à gauche, je fis comme eux.

Presque aussitôt cinq ou six vauriens s'étant mis à trépigner, en murmurant : « A mort!... à mort!.. » le président dit au brigadier de les empoigner, et, malgré leur résistance, ils furent tous conduits au violon. Le silence s'établit alors dans la salle du conseil, mais dehors les trépignements continuaient.

« Rapporteur, vous avez la parole, » dit le gros-major.

Ce rapporteur, que je crois voir encore, et que j'entends comme s'il parlait, était un homme de cinquante ans, trapu, la tête dans les épaules, le nez long, gros et tout droit, le front très-large, avec des cheveux noirs et luisants, quelques poils de moustache et les yeux vifs. Pendant qu'il écoutait, sa tête tournait à droite et à gauche, comme sur un pivot : on voyait son grand nez et le coin de son œil, mais il ne bougeait pas les coudes de dessus sa table. On aurait dit un de ces grands corbeaux qui semblent dormir dans les prés à la fin de l'automne, et qui voient pourtant ce qui se passe autour d'eux.

De temps en temps il levait un bras en l'air, comme pour retirer sa manche, à la mode des avocats. Il était en grande tenue, et parlait terriblement bien, d'une voix claire et forte, en s'arrêtant, et regardant les gens, pour voir s'ils étaient de son avis; et quand on faisait seulement une petite grimace, aussitôt il recommençait d'une autre manière, et vous forçait en quelque sorte de comprendre malgré vous.

Moi, voyant qu'il avançait tout doucement, sans se presser ni rien oublier, pour bien faire voir que le déserteur était en route lorsque nous l'avions pris, qu'il avait non-seulement l'idée de se sauver, mais qu'il était déjà hors de la place, — tout aussi coupable que si nous l'avions trouvé dans les rangs de l'ennemi; — pendant qu'il montrait ces choses clairement, je m'indignais parce qu'il avait raison et je pensais :

« Maintenant, que voulez-vous qu'on réponde ? »

Et puis, quand il dit que le plus grand crime est d'abandonner son drapeau, parce qu'on trahit ensemble son pays, sa famille, tous ceux auxquels on doit la vie, et qu'on se rend indigne de vivre; quand il dit que le conseil de guerre suivrait la conscience de tous les gens de cœur, de tous ceux qui tenaient à l'honneur de la France, qu'il donnerait un nouvel exemple de sa fermeté pour le salut du pays et la gloire de l'Empereur; qu'il montrerait aux nouvelles recrues qu'on ne peut compter que sur l'accomplissement du devoir et l'obéissance à la discipline; quand il dit toutes ces choses avec une force et une clarté terribles, et que j'entendis derrière nous, de temps en temps, un murmure de contentement et d'admiration, alors, Fritz, j'aurais cru que l'Éternel seul pouvait sauver cet homme.

Le déserteur, les deux bras pliés sur le pupitre, la figure dessus, ne bougeait pas; il pensait sans doute comme moi, comme toute la salle et le conseil lui-même. — Ces vieux semblaient satisfaits, ils voyaient que le rapporteur disait très-bien ce qu'ils pensaient depuis longtemps; le contentement était peint sur leur figure.

Cela dura plus d'une heure.

Le capitaine s'arrêtait quelquefois une seconde, pour vous donner le temps de réfléchir à ce qu'il avait dit; j'ai toujours cru qu'il avait été procureur impérial, ou même quelque chose de plus dangereux pour ceux qui désertent.

Je me souviens qu'il finit en disant :

« Vous ferez un exemple! vous serez d'accord avec vous-mêmes; vous ne perdrez pas de vue, qu'en ce moment la fermeté du conseil est plus nécessaire que jamais au salut de la patrie. »

Lorsqu'il s'assit, un si grand murmure de satisfaction s'éleva dans la salle, qu'il gagna tout de suite l'escalier, et qu'on entendit crier dehors :

« *Vive l'Empereur!* »

Le gros-major et les autres membres du conseil

se tournèrent en souriant l'un vers l'autre, comme pour dire :

« L'affaire est entendue, le reste est pour la cérémonie ! »

Les cris redoublaient dehors. Cela dura plus de dix minutes; à la fin, le gros-major s'écria :

« Brigadier, si le tumulte continue, faites évacuer l'hôtel de ville. Commencez par la salle. »

Et tout de suite le silence se rétablit, car chacun était curieux de savoir ce que Burguet pourrait répondre. Je n'aurais plus donné deux liards de la vie du déserteur.

« Défenseur, vous avez la parole, » dit le major, et Burguet se leva.

Maintenant, Fritz, si j'avais seulement l'idée de te répéter ce que Burguet dit pendant une heure, pour sauver la vie d'un pauvre conscrit; si je voulais te peindre sa figure, la douceur de sa voix, et puis ces cris qui vous déchiraient l'âme, et puis ses silences et ses réclamations; si j'avais une idée pareille, je me regarderais comme un être plein d'orgueil et de vanité.

Non, jamais on n'a rien entendu de plus beau : ce n'était pas un homme qui parlait, c'était une mère qui veut arracher son enfant à la mort. — Ah ! quelle grande chose d'avoir ce talent de toucher et de faire pleurer ceux qui nous écoutent !

Mais ce n'est pas du talent, c'est du cœur qu'il faut dire.

« Quel homme n'a pas commis de faute ? Quel homme ne mérite pas de pitié ? »

Voilà ce qu'il disait, en demandant au conseil s'il se trouvait un seul homme sans reproches; si jamais une mauvaise idée n'était venue aux plus braves; s'ils n'avaient jamais eu, même un jour, même une seconde, la pensée de courir à leur village, quand ils étaient jeunes, quand ils avaient dix-huit ans, quand le père, la mère, les amis d'enfance étaient tout pour eux, et qu'ils ne connaissaient rien d'autre au monde. — Un pauvre enfant sans instruction, sans connaissance de la vie, enlevé du jour au lendemain, jeté dans les armées, que peut-on lui demander ? Quelle faute ne peut-on pas lui pardonner ? Est-ce qu'il connaît la patrie, l'honneur du drapeau, la gloire de Sa Majesté? Est-ce que ces grandes idées ne lui viennent pas plus tard ?

Et puis il demandait à ces vieux s'ils n'avaient pas de fils, s'ils étaient sûrs que dans le moment même, ce fils ne commettait pas une faute entraînant la peine de mort ?... Il leur disait :

« Plaidez pour lui !... Que diriez-vous ?... Vous diriez : — « Je suis un vieux soldat, j'ai versé mon sang pour la France pendant trente ans, je suis devenu blanc sur les champs de bataille, je suis criblé de blessures, j'ai gagné chaque grade à la pointe de l'épée... Eh bien! prenez mes épaulettes, prenez mes décorations, prenez tout... mais rendez-moi mon enfant. Que mon sang soit le prix de sa faute! Il ne connaissait pas la grandeur de son crime, il était trop jeune, c'est un conscrit; il nous aimait, il voulait nous embrasser, et puis rejoindre... il aimait une jeune fille... Ah! vous avez été jeunes aussi! Pardonnez-lui... Ne déshonorez pas un vieux soldat dans son fils. »

« Vous diriez peut-être encore : — « J'avais d'autres enfants... ils sont morts pour la patrie... Comptez-lui leur sang, et rendez-moi celui-ci... c'est le dernier qui me reste! »

« Voilà ce que vous diriez, et beaucoup mieux que moi, parce que vous seriez le père, le vieux soldat qui parle de ses services! — Eh bien! le père de ce jeune homme parlerait comme vous... C'est un vieux soldat de la République... Il est parti avec vous peut-être, quand les Prussiens entraient en Champagne; il a été blessé à Fleurus... C'est un ancien compagnon d'armes!... L'aîné de ses fils est resté en Russie!... »

Et Burguet, en parlant, pâlissait; on aurait cru que la douleur avait détruit ses forces et qu'il allait tomber. Le silence était si grand, qu'on entendait respirer toute la salle. Le déserteur sanglotait. Chacun pensait :

« C'est fini, Burguet ne peut plus continuer, il va falloir l'emporter ! »

Mais tout à coup il recommençait d'une autre manière plus douce; il parlait lentement... Il racontait la vie du pauvre paysan et de sa femme, qui n'avaient plus qu'une seule consolation, une seule espérance sur la terre : leur enfant !

On écoutait, on voyait ces gens, on les entendait parler entre eux; on voyait le vieux chapeau du temps de la République sur la porte. — Et quand on ne pensait qu'à cela, tout à coup Burguet montrait le vieux et sa femme apprenant que leur fils avait été tué, non par les Russes ou les Allemands, mais par des Français... On entendait le cri de ce vieux!...

Tiens, Fritz, c'était épouvantable; j'aurais voulu me sauver. — Les officiers du conseil, dont plusieurs étaient mariés, regardaient devant eux, les yeux fixes, le poing fermé; leurs moustaches grises tremblotaient. Le major avait levé deux ou trois fois la main, comme pour faire signe que c'était assez; mais Burguet avait toujours quelque chose de plus fort à dire, de plus juste et de plus grand. Son discours dura jusque vers onze heures, alors il s'assit; on n'entendait plus un murmure dans les trois salles ni dehors. Et l'autre, le rapporteur, recommença, disant que tout cela ne signifiait rien : que c'était malheureux pour le père d'avoir un fils indigne, que chacun tenait à ses enfants, mais qu'il fallait leur apprendre à ne pas déserter en face de l'ennemi; qu'avec toutes ces raisons, on ne fusillerait personne, que la discipline serait détruite de fond en comble, qu'on ne pourrait plus avoir d'armée, et que l'armée fait la force et la gloire du pays.

Burguet répliqua presque aussitôt après. Je ne me rappelle pas ce qu'il dit; tant de choses ne pouvaient m'entrer à la fois dans la tête. Mais ce que je n'oublierai jamais, c'est que, vers une heure, le conseil nous ayant fait sortir pour délibérer, — pendant qu'on reconduisait le déserteur au cachot, — on nous permit de rentrer au bout de quelques minutes, et que le major lui-même, debout sur l'estrade où l'on tire à la conscription, déclara que l'accusé Jean Belin était acquitté, et qu'il donna l'ordre de le relâcher tout de suite.

C'était le premier acquittement depuis le départ des prisonniers espagnols, avant le blocus; les gueux venus en foule pour voir condamner et fusiller un homme ne pouvaient y croire; plusieurs criaient en dessous :

« Nous sommes trahis ! »

Mais le gros-major dit au brigadier Descarmes de prendre le nom des criards, et qu'on irait leur rendre visite; alors toute cette masse dégringola des escaliers en cinq minutes, et nous pûmes descendre à notre tour.

J'avais pris Burguet par le bras, les yeux pleins de larmes.

« Êtes-vous content, Moïse? fit-il, déjà remis et joyeux.

— Burguet, lui dis-je, Aaron lui-même, le propre frère de Moïse et le plus grand orateur d'Israël, n'aurait pas mieux parlé que vous : c'est admirable ! Je vous dois ma tranquillité. Tout ce que vous me demanderez pour un si grand service, je suis prêt à vous le donner, selon mes moyens. »

Nous descendions; les membres du conseil de guerre nous suivaient un à un tout pensifs. Burguet souriait.

« Est-ce bien vrai, Moïse? fit-il en s'arrêtant sous la voûte.

— Oui, voici ma main.

— Eh bien! dit-il, je vous demande un bon dîner à la *Ville-de-Metz*.

— Ah! de bon cœur! »

Quelques bourgeois, le père Parmentier, le percepteur Cochois, l'adjoint Muller, attendaient Burguet au bas des marches de la mairie, pour lui faire leur compliment; comme on l'entourait en lui serrant la main, voilà que Sâfel arrive et me saute dans les bras : Zeffen l'envoyait chercher des nouvelles. Je l'embrassai, et je lui dis tout joyeux :

« Va prévenir ta mère que nous avons gagné ! Qu'on se mette à table. Moi, je dîne à la *Ville-de-Metz* avec Burguet. Dépêche-toi, mon enfant. »

Il partit en courant.

« Vous dînez chez moi, Burguet, disait le père Parmentier.

— Merci, monsieur le maire, je suis retenu par Moïse, répondit-il ; ce sera pour une autre fois. »

Et nous entrâmes bras dessus, bras dessous, dans le grand corridor de la mère Barrière, où l'on sentait encore l'odeur du rôti, malgré le blocus.

« Écoutez, Burguet, lui dis-je, nous allons dîner seuls, et vous choisirez vous-même le vin et les viandes qui vous plaisent; vous vous y connaissez mieux que moi. »

Je vis que ses yeux reluisaient.

« Bon, bon, fit-il, c'est entendu. »

Dans la grande salle, le commissaire des guerres et deux officiers dînaient ensemble; ils tournèrent la tête et nous les saluâmes.

Je fis appeler la mère Barrière, qui vint aussitôt, son tablier sur le bras, riante et joufflue comme à l'ordinaire. Burguet lui dit deux mots à l'oreille, et tout de suite elle nous ouvrit la porte à droite, en nous disant :

« Entrez, messieurs, entrez!... Vous n'attendrez pas longtemps. »

Nous entrâmes donc dans le cabinet carré, au coin de la place, une petite chambre haute, les deux grandes fenêtres fermées avec des rideaux en mousseline, et le fourneau de porcelaine bien chauffé, comme il convient en hiver.

Une servante vint mettre les couverts, pendant que nous nous chauffions les mains sur le marbre. Burguet disait en riant :

« J'ai bon appétit, Moïse; ma plaidoirie va vous coûter cher.

— Tant mieux! Elle ne sera jamais trop chère pour la reconnaissance que je vous dois.

— Allons, fit-il en me posant la main sur l'épaule, je ne vous ruinerai pas, mais nous dînerons bien. »

Comme la table était mise, nous nous assîmes en face l'un de l'autre, dans de bons fauteuils tendres; et Burguet, s'attachant la serviette à la boutonnière, selon son habitude, prit la carte. — Il réfléchit longtemps, car tu sauras, Fritz, que si les rossignols chantent bien, ils sont aussi les plus fins becs de la création; Burguet leur ressemblait, et de le voir réfléchir ainsi, cela me réjouissait.

A la fin il parla lentement et gravement à la servante, disant :

« Ceci et cela, Madeleine, accommodé de telle façon... Et tel vin pour commencer, et tel autre vin pour finir.

— C'est bien, monsieur Burguet, » répondit Madeleine en sortant.

Deux minutes après, elle nous servait une bonne croûte au pot. En temps de blocus, c'était ce qu'on pouvait souhaiter de mieux; trois semaines plus tard, on aurait été bien heureux d'en avoir une pareille.

Ensuite elle nous apporta du vin de Bordeaux chauffé dans une serviette. — Mais tu penses bien, Fritz, que je ne vais pas te raconter ce dîner en détail, malgré tout le plaisir que j'ai de me le rappeler encore aujourd'hui. Crois-moi, rien n'y manquait, ni les viandes, ni les légumes frais, ni le grand jambon bien fumé, toutes choses qui devenaient terriblement rares en ville depuis la fermeture des portes; nous avions même de la salade! Madame Barrière en conservait à la cave, dans du terreau, et Burguet voulut la faire lui-même à l'huile d'olives. On nous servit aussi les dernières poires fondantes qu'on ait vues à Phalsbourg, dans cet hiver de 1814.

Burguet semblait heureux, surtout quand on eût apporté la bouteille de vieux Lironcourt, et que nous trinquâmes ensemble.

« Moïse, me disait-il, les yeux attendris, si l'on

me payait toutes mes plaidoiries comme vous, je renoncerais à ma place du collége; mais voici les premiers honoraires que je reçois.

— Et moi, Burguet, m'écriai-je, à votre place, au lieu de rester à Phalsbourg, j'irais dans une grande ville; les bons dîners, les bons hôtels et le reste ne vous manqueraient pas longtemps!

— Ah! vingt ans plus tôt ce conseil aurait été bon, fit-il en se levant; mais à cette heure il arrive trop tard. Allons prendre le café, Moïse. »

C'est ainsi que souvent les hommes d'un grand talent s'enterrent à droite et à gauche, dans de petits endroits où personne ne se doute seulement de ce qu'ils valent. Ils prennent tout doucement leur pli, et disparaissent sans qu'on ait parlé d'eux.

Burguet n'oubliait jamais d'aller au café, vers cinq heures, faire sa partie de cartes avec le vieux juif Salomon, qui vivait de cela. Lui et cinq ou six bourgeois entretenaient grassement cet homme, qui prenait la bière et le café deux fois par jour à leurs dépens, sans parler des écus qu'il empochait pour entretenir sa famille.

De la part des autres, cela ne m'étonnait pas, c'étaient des imbéciles! mais de la part d'un esprit comme Burguet, j'en étais toujours confondu; car sur vingt parties, Salomon ne leur en laissait gagner qu'une ou deux, et encore dans la crainte de perdre ses meilleures pratiques, en les décourageant tout à fait.

J'avais cinquante fois expliqué ces choses à Burguet; il me donnait raison, et continuait tout de même à suivre ses habitudes.

Lorsque nous arrivâmes au café, Salomon était déjà là, dans le coin d'une fenêtre, à gauche, — sa petite casquette crasseuse sur le nez, et sa vieille souquenille grasse pendant au bas du tabouret, — en train de battre les cartes tout seul. Il regarda Burguet du coin de l'œil, comme un pipeur regarde les alouettes, et semblait lui dire :

« Arrive!... Je suis ici!... Je t'attends!... »

Mais Burguet avec moi n'osait pas obéir à ce vieux gueux; il était honteux de sa faiblesse, et lui fit seulement un petit signe de tête, en allant s'asseoir à la table en face, où l'on nous servit le café.

Les camarades arrivèrent bientôt, et Salomon se mit à les plumer. Burguet leur tournait le dos; j'essayais de le distraire, mais son âme était avec eux ; il écoutait tous les coups et bâillait dans sa main.

Vers sept heures, comme la salle se remplissait de fumée et que les billes roulaient sur les billards, tout à coup un jeune homme, un soldat entra, regardant de tous les côtés.

C'était le déserteur.

Il finit par nous voir, et s'approcha le bonnet de police à la main. Burguet leva les yeux et le reconnut : je vis qu'il devenait rouge ; le déserteur, au contraire, était tout pâle, il voulait parler et ne pouvait rien dire.

« Eh bien, mon ami, lui dit Burguet, vous voilà sauvé !

— Oui, monsieur, répondit le conscrit, et je viens vous remercier pour moi, pour mon père, pour ma mère !...

— Ah ! fit Burguet en toussant, c'est bon !... c'est bon !... »

Puis il regarda ce jeune homme avec tendresse, et lui demanda doucement :

« Vous êtes content de vivre ?

— Oh ! oui, monsieur, répondit le conscrit, je suis bien content.

— Oui, dit Burguet tout bas en regardant l'horloge, depuis cinq heures, ce serait fini... Pauvre enfant ! »

Et tout à coup, se mettant à le tutoyer :

« Tu n'as rien pour boire à ma santé, dit-il, et moi je n'ai pas le sou non plus. Moïse, donnez-lui cent sous. »

Je lui donnai dix francs. Le déserteur voulut remercier.

« C'est bon, dit Burguet en se levant, va boire

un coup avec tes camarades. Réjouis-toi... et ne déserte plus! »

Il faisait semblant de suivre le jeu de Salomon; mais comme le déserteur disait :

« Je vous remercie aussi pour celle qui m'attend ! » il me regarda de côté, ne sachant plus que répondre, tant il était ému. Alors je dis au conscrit :

« Nous sommes heureux de vous avoir rendu service. Allez boire un coup à la santé de votre défenseur, et conduisez-vous bien. »

Il nous regarda encore un instant, comme s'il n'avait pu s'en aller; on voyait mille fois mieux dans sa figure ses remercîments, qu'il n'aurait pu les dire. Il finit par sortir lentement en nous saluant, et Burguet acheva de prendre sa tasse.

Nous rêvâmes encore quelques minutes à ce qui venait de se passer. Mais bientôt l'idée me prit de revoir ma famille.

Burguet était comme une âme en peine; à chaque instant, il se levait pour regarder dans le jeu de l'un ou de l'autre, les mains croisées sur le dos; puis il venait se rasseoir tout mélancolique. J'aurais été désolé de le géner plus longtemps, et, sur le coup de huit heures, je lui souhaitai le bonsoir, ce qui parut lui faire plaisir.

« Allons, bonne nuit, Moïse, dit-il en me reconduisant à la porte. Mes compliments à madame Sorlé et à madame Zeffen.

— Merci... je ne les oublierai pas. »

Je partis bien content de rentrer à la maison. Quelques minutes après, j'arrivais chez nous. Sorlé vit tout de suite que j'étais gai, car, en la rencontrant sur la porte de notre petite cuisine, je l'embrassai tout joyeux.

« Ça va bien, Sorlé, lui dis-je, tout va très-bien.

— Oui, fit-elle, je vois que tout va bien. »

Elle riait, et nous entrâmes dans la chambre, où Zeffen déshabillait David. Le pauvre petit, en chemise, vint aussitôt me tendre la joue. Chaque fois que je dînais en ville, j'avais l'habitude de lui rapporter du dessert, et, malgré ses yeux endormis, il trouva bien vite la place de mes poches.

Voilà, Fritz, le bonheur des grands-pères : c'est de reconnaître l'esprit et le bon sens de leurs petits-enfants.

Le petit Esdras lui-même, que Sorlé berçait, comprenait déjà qu'il se passait quelque chose d'extraordinaire; il me tendait ses petites mains et semblait me dire :

« J'aime aussi les biscuits! »

Nous en étions tous dans la joie.

Enfin, m'étant assis, je racontai ma journée,

célébrant l'éloquence de Burguet et la satisfaction du pauvre déserteur. Toute la famille m'écoutait avec attendrissement. Sâfel, assis sur mes genoux, me disait à l'oreille :

« Nous avons vendu pour trois cents francs d'eau-de-vie. »

Cette nouvelle me fit grand plaisir : quand on dépense, il faut gagner.

Vers dix heures, Zeffen, nous ayant souhaité une bonne nuit, je descendis fermer la porte et mettre la clef dessous pour le sergent, s'il rentrait tard.

Pendant que nous allions nous coucher, Sorlé me répéta ce que Sâfel m'avait déjà dit, ajoutant que nous serions à notre aise après le blocus, et que l'Éternel nous avait secourus dans ces grandes misères.

Nous étions contents, et sans aucune défiance de l'avenir.

XVI

Durant quelques jours, il ne se passa rien d'extraordinaire ; le gouverneur fit arracher les plantes et les arbustes qui poussaient dans les jointures des remparts, pour arrêter la désertion, et il défendit aux officiers d'être trop brusques avec les soldats, ce qui produisit un bon effet.

C'était le temps où des centaines de mille Autrichiens, Russes, Bavarois, Wurtembergeois, par escadrons et par régiments, passaient hors de portée du canon autour de la ville, et marchaient sur Paris.

Alors se livraient de terribles batailles en Champagne, mais nous n'en savions rien.

Tous les jours les uniformes changeaient autour de la place; nos vieux soldats, du haut des remparts, reconnaissaient tous les peuples qu'ils avaient combattus depuis vingt ans.

Notre sergent venait me prendre régulièrement après l'appel, pour monter sur le bastion de l'arsenal; on y trouvait toujours des bourgeois causant entre eux de l'invasion, qui ne finissait pas.

C'était quelque chose d'incroyable! Du côté de Saint-Jean, sur la lisière du bois de la Bonne-Fontaine, on voyait défiler durant des heures, de la cavalerie, de l'infanterie, et puis des convois de poudre ou de boulets, et puis des canons, et puis encore des files de baïonnettes, des casques, des manteaux rouges, verts, bleus, des lances, des voitures de paysans recouvertes de toile : tout cela passait, passait comme un fleuve.

Sur ce grand plateau blanc, entouré de forêts, tout se découvrait jusqu'au fond des gorges.

Quelques Cosaques ou dragons se détachaient parfois de la masse, et poussaient d'un temps de galop jusqu'au pied des glacis, dans l'allée des Dames, ou près de la petite chapelle. Aussitôt un de nos vieux artilleurs de marine allongeait sa moustache grise sur un fusil de rempart, il visait lentement; tous les assistants se penchaient autour de lui, même les enfants,—qui vous glissaient entre les jambes, sans crainte des balles ou des obus, — et le biscaïen partait!

Souvent j'ai vu le Cosaque ou le uhlan vider la selle, et le cheval rejoindre ventre à terre son escadron, la bride sur le cou. Des cris de joie s'élevaient: on grimpait sur les talus, on regardait, et le canonnier se frottait les mains en disant :

« Encore un de moins ! »

D'autres jours, ces vieux, avec leurs longues capotes trouées et déchirées, pariaient deux sous entre eux, à qui mettrait en bas telle sentinelle où telle vedette, sur la côte de Mittelbronn ou du Bigelberg.

C'était si loin, qu'il fallait avoir de bons yeux pour reconnaître celui qu'ils se montraient; mais ces gens habitués à la mer voyaient tout à perte de vue.

« Allons, Paradis, ça va-t-il? disait l'un.

— Oui, ça va! Mets tes deux sous là, voici les miens. »

Et l'on tirait. La partie continuait comme au jeu de quilles. Dieu sait ce qu'ils exterminaient de monde, pour leurs deux sous. Chaque matin je retrouvais ces canonniers de marine dans ma boutique, vers neuf heures, en train de boire le Cosaque, comme ils disaient. La dernière goutte, ils se la versaient dans les mains, pour se fortifier les nerfs, et partaient le dos rond, en criant :

« Hé! bonjour, père Moïse, le kaiserlick se porte bien! »

Je ne crois pas avoir vu passer tant de monde dans ma vie, que dans ces mois de janvier et de février 1814; c'était comme les sauterelles d'Égypte! Comment tant d'êtres peuvent-ils sortir de la terre? personne ne peut le comprendre.

J'en étais désolé, naturellement, et les autres bourgeois aussi, cela va sans dire; mais notre sergent riait et clignait de l'œil :

« Voyez, père Moïse, disait-il en étendant la main des Quatre Vents au Bigelberg, tout ça... tout ce qui passe, tout ce qui a passé et tout ce qui passera, c'est pour engraisser la Champagne et la Lorraine! L'Empereur est là-bas, qui les attend dans un bon endroit; il va tomber dessus! son coup de foudre d'Austerlitz, d'Iéna ou de Wagram est déjà prêt.... Ça ne peut plus tarder. Ensuite ils fileront en retraite; mais on les suivra, la baïonnette dans les reins, et nous sortirons d'ici, nous mettre en travers. Pas un seul n'échappera. Leur compte est réglé. C'est alors, père Moïse, que vous aurez de vieilles défroques à vendre. Hé! hé! hé! vous ferez vos choux gras. »

Il se réjouissait d'avance; mais tu penses bien, Fritz, que je ne comptais guère sur ces uniformes qui couraient les champs; j'aurais mieux aimé les savoir à mille lieues de nous.

Enfin voilà l'idée des gens, les uns se réjouissent et les autres se désolent pour la même chose. La confiance du sergent était si grande, qu'elle me gagnait quelquefois et que je pensais comme lui.

Nous descendions ensemble la rue du Rempart; il s'en allait à la cantine, où l'on commençait à distribuer les vivres de siége, ou bien il montait chez nous, prendre son petit verre de kirschenwasser, et m'expliquer les beaux coups de l'Empereur, depuis 96 en Italie. Je n'y comprenais rien, mais je faisais semblant de comprendre, ce qui revenait au même.

Il arrivait aussi des parlementaires, tantôt par la route de Nancy, tantôt par celles de Saverne ou de Metz. Ils levaient de loin le petit drapeau blanc, un de leurs trompettes sonnait et puis se retirait; l'officier de garde à l'avancée allait reconnaître le parlementaire et lui bander les yeux, ensuite il traversait la ville sous escorte, pour se rendre à l'hôtel du gouverneur. Mais ce que ces gens racontaient ou demandaient, ne transpirait pas dans la place; le conseil de défense seul en était instruit.

Nous vivions resserrés dans nos murs comme au milieu de la mer, et tu ne peux pas croire combien cela vous pèse à la longue, comme on est triste, abattu, de ne pouvoir sortir, même sur les glacis. Des vieillards cloués dans leur fauteuil depuis dix ans, et qui ne songeaient jamais à se remuer, sont accablés de savoir que les portes restent fermées. Et puis, la curiosité d'apprendre ce qui se passe, de voir des étrangers, de causer des affaires du pays, voilà des choses dont le besoin est très-grand, et dont personne ne se doute avant de l'avoir éprouvé comme nous. Le moindre paysan, le plus borné du Dagsberg, qui serait entré par hasard en ville aurait été reçu comme un dieu; tout le monde aurait couru le voir et l'interroger sur les nouvelles de la France.

Ah! ceux qui soutiennent que la liberté passe avant tout ont bien raison, car d'être enfermé dans un cachot, quand il serait aussi grand que la France, c'est insupportable. Les hommes sont faits pour aller, venir, parler, écrire, vivre les uns avec les autres, commercer, se raconter les nouvelles, et lorsque vous leur ôtez cela, le reste n'est plus qu'un dégoût.

Les gouvernements ne veulent pas comprendre cette chose si simple; ils se croient plus forts en empêchant les gens de vivre à leur aise, et finissent par ennuyer tout le monde. La vraie force d'un souverain est toujours en proportion de la liberté qu'il peut nous donner, et non pas de celle qu'il est forcé de nous ôter. Les alliés l'avaient compris pour Napoléon, et de là venait leur confiance.

Le plus triste, c'est que, vers la fin de janvier, la disette se faisait déjà sentir. On ne pouvait pas dire que l'argent devenait rare, puisqu'il n'en sortait pas un centime de la ville, mais tout devenait cher : ce qui valait deux sous trois semaines auparavant en valait vingt! Cela m'a fait penser souvent, que la rareté de l'argent est une de ces bêtises comme les gueux en inventent pour tromper les imbéciles. Qu'est-ce que cela nous fait que l'argent soit rare? On n'est pas pauvre avec deux sous, s'ils vous suffisent pour avoir du pain, du vin, de la viande, des habits, etc.; mais s'il vous en faut vingt fois plus, alors non-seulement vous êtes pauvres, mais tout le pays est pauvre. L'argent ne manque jamais quand tout est à bon marché; il est toujours rare quand les choses de la vie sont chères.

Aussi, lorsqu'on est enfermé comme nous l'étions, c'est un grand bonheur de pouvoir vendre plus qu'on n'achète. Mon eau-de-vie était à trois francs le litre, mais en même temps, il nous fallait du pain, de l'huile, des pommes de terre, et tout montait en proportion.

Un matin, la vieille mère Quéru pleurait dans ma boutique; elle n'avait pas mangé depuis deux jours! et pourtant c'était, disait-elle, la moindre des choses; il lui manquait seulement son petit verre, que je lui donnai gratis. Elle me bénit cent fois et s'en alla contente. Bien d'autres auraient eu besoin de petits verres! J'ai vu des vieux dans le désespoir, parce qu'ils n'avaient plus de quoi priser; ils allaient jusqu'à priser de la cendre; et c'est alors que plusieurs eurent l'idée de fumer les feuilles du grand noyer de l'Arsenal, ce qu'ils trouvèrent très-bon.

Malheureusement, tout cela n'était que le commencement de la disette; plus tard nous devions encore apprendre à jeûner pour la gloire de Sa Majesté.

Vers la fin de février, le froid était revenu; chaque soir on tirait sur nous une centaine d'obus, mais on s'habitue à tout, et cela nous paraissait presque naturel. Aussitôt l'obus éclaté, chacun courait éteindre le feu, ce qui n'était pas difficile, puisque dans toutes les maisons se trouvaient des cuves pleines d'eau.

Nos canonniers répondaient à l'ennemi; mais, comme les Russes tiraient avec des pièces volantes, après dix heures, et qu'on ne pouvait viser que sur leur feu, qui changeait toujours de place, on avait de la peine à les atteindre.

Quelquefois l'ennemi tirait des boulets incendiaires; ce sont des boulets percés de trois trous en triangle, et remplis d'un feu très-vif, qu'on ne peut éteindre qu'en jetant le boulet au fond de l'eau; c'est ce qu'on faisait.

Nous n'avions pas encore eu d'incendie; mais nos avant-postes s'étaient repliés, et les alliés se resserraient de plus en plus autour de la place. Ils occupaient la ferme Ozillo, la Tuilerie de Pernette et les Maisons-Rouges, que nos troupes venaient d'abandonner. Ils s'arrangeaient là-dedans pour passer l'hiver agréablement. C'étaient des Wurtembergeois, des Bavarois, des Badois et d'autres landwehr, qui remplaçaient en Alsace les troupes de ligne parties pour l'intérieur.

On voyait très-bien leurs sentinelles en longue capote gris-bleu, la casquette plate, le fusil penché sur l'épaule, se promener gravement dans l'allée de peupliers qui mène à la Tuilerie.

De là, ces troupes pouvaient, d'un moment à l'autre, pendant une nuit profonde, entrer dans les fossés et même essayer de forcer une poterne.

Ils étaient en nombre et ne se refusaient rien, ayant trois ou quatre villages autour d'eux pour leur fournir des vivres, et les grands fours de la Tuilerie pour se chauffer.

Quelquefois un bataillon russe les relevait, mais seulement un ou deux jours, étant forcé de se remettre en route. Ces Russes se baignaient dans le petit guévoir derrière la bâtisse, malgré la glace et la neige qui le remplissaient.

Tous, Russes, Wurtembergeois et Badois fusillaient nos sentinelles, et l'on s'étonnait que le gouverneur ne les eût pas encore écrasés de boulets. Mais un soir le sergent rentra joyeux et me dit à l'oreille, en clignant de l'œil :

« Demain, levez-vous de bonne heure, père Moïse; ne dites rien à personne et suivez-moi. Vous verrez quelque chose qui vous fera rire.

— C'est bon, sergent, » lui répondis-je.

Il alla tout de suite se coucher, et longtemps

avant le jour, vers cinq heures, je l'entendais déjà sauter de son lit, ce qui m'étonna d'autant plus qu'on ne battait pas le rappel.

Je me levai doucement. Sorlé me demanda tout endormie :

« Qu'est-ce que c'est, Moïse?

— Dors tranquillement, Sorlé, lui répondis-je; le sergent m'a prévenu qu'il voulait me faire voir quelque chose. »

Elle ne dit plus rien, et je finis de m'habiller.

Presque au même instant, le sergent frappait à la porte; je soufflai la chandelle, et nous descendîmes. Il faisait nuit noire.

On entendait une faible rumeur du côté de la caserne; le sergent partit dans cette direction en me disant :

« Montez sur le bastion, nous allons attaquer la Tuilerie. »

Aussitôt je montai la rue en courant. Comme j'arrivais sur les remparts, j'aperçus dans l'ombre du bastion, à droite, les canonniers à leurs pièces. Ils ne bougeaient pas, et tout se taisait aux environs; les mèches allumées et plantées en terre brillaient seules commes des étoiles dans la nuit.

Cinq ou six bourgeois, prévenus comme moi, restaient immobiles à l'entrée de la poterne. Les cris ordinaires : « Sentinelles, prenez garde à vous! » se répondaient autour de la ville, et dehors, du côté de l'ennemi, les « *verdâ!* » et les « *souïda!* » (1).

Il faisait très-froid, un froid sec, malgré le brouillard.

Bientôt, du côté de la place, à l'intérieur, une quantité d'hommes remontèrent la rue; s'ils avaient marqué le pas, l'ennemi les aurait entendus de loin sur les glacis; mais ils arrivèrent en tumulte et tournèrent près de nous, dans l'escalier de la poterne. Leur passage dura bien dix minutes. Tu peux te figurer si j'étais attentif, et pourtant je ne reconnus pas notre sergent, il faisait encore trop sombre.

Les deux compagnies qui venaient de défiler se reformèrent dans les fossés, et tout redevint tranquille.

Je ne sentais plus mes pieds, tant il faisait froid; la curiosité m'empêchait de partir.

Enfin, au bout d'une demi-heure environ, une ligne pâle s'étendit derrière le fond de Fiquet, autour du bois de la Bonne-Fontaine. Le capitaine Rolfo, les bourgeois et moi, appuyés contre la rampe, nous regardions la plaine couverte de neige, où quelques patrouilles allemandes erraient dans le brouillard, et plus près de nous, au bas des glacis, la sentinelle wurtembergeoise, immobile

(1) Qui vive!

dans l'allée de peupliers qui mène à la grande échoppe de la Tuilerie.

Tout était encore gris et confus; mais le soleil d'hiver, blanc comme la neige, s'élevait sur la ligne sombre des sapins. Nos soldats, l'arme au pied dans les chemins couverts, ne bougeaient pas. Les « *verdâ!* » et les « *souïda!* » allaient leur train. Le jour grandissait de seconde en seconde.

Jamais on n'aurait cru qu'un combat s'apprêtait, quand la mairie sonna six heures, et que tout à coup nos deux compagnies, sans commandement, sortirent des chemins couverts, l'arme au bras, et descendirent le glacis en silence.

Elles arrivèrent en moins d'une minute au chemin qui longe les jardins, et défilèrent à gauche, en suivant les haies.

Tu ne peux pas te figurer le tremblement qui me prit, en voyant que l'attaque allait commencer. Il ne faisait pas encore bien clair, mais la sentinelle ennemie vit pourtant la ligne des baïonnettes filer derrière les haies, et cria d'une façon terrible :

« *Verdâ!*

— En avant! » répondit la voix tonnante du capitaine Vigneron, et les grosses semelles de nos soldats se mirent à rouler sur la terre durcie, comme une avalanche.

La sentinelle tira, puis courut en remontant l'allée, et criant je ne sais quoi. Une quinzaine de landwehr, qui formaient l'avant-poste sous la vieille échoppe où l'on séchait les briques, sortirent aussitôt; ils n'avaient pas eu le temps de se reconnaître, que tous étaient massacrés sans miséricorde.

On ne pouvait pas bien voir d'aussi loin, par-dessus les haies et les peupliers; mais, après l'enlèvement du poste, le roulement de la fusillade et des cris horribles arrivèrent jusqu'en ville.

Tous ces malheureux landwehr, qui demeuraient dans la ferme Pernett, — et dont un grand nombre s'étaient déshabillés comme d'honnêtes pères de famille, pour mieux dormir, — sautaient des fenêtres, en pantalon, en caleçon, en chemise, la giberne au dos, et se rangeaient derrière la Tuilerie, dans le grand pré de Seltier. Leurs officiers les poussaient et commandaient au milieu du tumulte.

Ils étaient bien là six ou sept cents, presque nus dans la neige; et, malgré l'étonnement d'une pareille surprise, ils commençaient un feu roulant bien nourri, quand nos deux pièces du bastion se mirent de la partie.

Dieu du ciel, quel carnage!

C'est là-bas qu'il fallait voir arriver les boulets, et les chemises sauter en l'air! Et le pire pour ces malheureux, c'est qu'ils étaient forcés de serrer les rangs, parce qu'après avoir tout bousculé dans la Tuilerie, les nôtres en sortaient pour attaquer à la baïonnette.

Quelle position! Figure-toi cela, Fritz, pour d'honnêtes bourgeois, des marchands, des banquiers, des brasseurs, des maîtres d'hôtel, des gens paisibles qui ne souhaitaient que le calme et la tranquillité.

J'ai toujours pensé depuis que le système de la landwehr est très-mauvais, et qu'il vaut beaucoup mieux payer une bonne armée de volontaires attachés au pays, et sachant bien que l'argent, les pensions et les décorations leur viennent de la nation et non du gouvernement: des jeunes gens dévoués à la patrie comme ceux de 92, et remplis d'enthousiasme, parce qu'on les respecte et qu'on les honore selon leur sacrifice. Oui, voilà ce qu'il faut, et non pas des gens qui songent à leur femme et à leurs enfants.

Nos boulets hachaient ces malheureux pères de famille par douzaines! Pour comble d'abomination, deux autres compagnies, que le conseil de défense avait fait sortir des poternes de la manutention et de la porte d'Allemagne dans le plus grand secret, et qui s'avançaient l'une sur la route de Saverne, l'autre dans le chemin du Petit-Saint-Jean, commençaient à les dépasser, et se refermaient derrière eux, en leur tirant dans le dos.

Il faut reconnaître que ces vieux soldats de l'Empire avaient un esprit de ruse diabolique! Qui se serait jamais figuré des coups pareils?

En voyant cela, le restant des landwehr se débanda dans la grande plaine blanche, comme un tourbillon de moineaux. Ceux qui n'avaient pas eu le temps de mettre leurs souliers ne sentaient pas les pierres, ni les ronces, ni les épines du fond de Fiquet; ils couraient comme des cerfs, et les plus gros galopaient aussi vite que les autres.

Nos soldats les suivaient en tirailleurs, et ne s'arrêtaient une seconde que pour les ajuster et les fusiller. Toute la côte en face, jusqu'au vieux hêtre, au milieu de la prairie communale des Quatre-Vents, était couverte de leurs corps.

Leur colonel, sans doute un bourgmestre, galopait devant eux à cheval; sa chemise s'enflait derrière lui!

Si les Badois cantonnés dans le village n'étaient pas sortis à leurs secours, on les aurait tous exterminés. Mais deux bataillons de Badois s'étant déployés sur la droite des Quatre-Vents, nos trompettes sonnèrent le rappel, et les quatre compagnies se réunirent au milieu de l'allée des Dames, pour les attendre.

Les Badois alors firent halte, et les derniers Wurtembergeois passèrent derrière eux, bien contents d'être réchappés d'une aussi terrible débâcle. Ceux-là pouvaient dire :

« Je connais la guerre... J'en ai vu des dures! »

Il était sept heures; toute la ville couvrait les remparts.

Bientôt une épaisse fumée s'éleva sur la Tuilerie et les bâtisses environnantes; quelques sapeurs étaient sortis avec des fagots, et venaient d'y mettre le feu. Tout cela partit en étincelles; il ne resta qu'une grande place noire et des décombres derrière les peupliers.

Nos quatre compagnies, voyant que les Badois ne voulaient pas les attaquer, revinrent tranquillement, la trompette en tête.

Moi, depuis longtemps, j'étais descendu sur la place, près de la porte d'Allemagne, pour assister à la rentrée de nos troupes. C'est encore un de ces spectacles que je n'oublierai jamais : — le poste sous les armes, les vétérans pendus aux chaînes du pont-levis qui s'abaisse, les hommes, les femmes, les enfants qui se poussent dans la rue, et dehors, dans les remparts, les trompettes qui éclatent, les échos des bastions et de la demi-lune qui répondent au loin; les blessés, pâles, déchirés, couverts de sang, qui rentrent les premiers, affaissés sur l'épaule de leurs camarades; le lieutenant Schnindret, dans un fauteuil de la Tuilerie, la figure couverte de sueur, avec sa balle dans le ventre, qui crie, la langue épaisse et la main étendue : « *Vive l'Empereur !* » les soldats qui jettent le commandant wurtembergeois de sa civière, pour y mettre un des nôtres ; les tambours sous la porte, battant la marche, pendant que les troupes, l'arme à volonté, des pains et d'autres provisions de toute sorte enfilés dans les baïonnettes, rentrent fièrement, au milieu des cris de : « *Vive le 6e léger !* » — Voilà ce que les anciens peuvent seuls se vanter d'avoir vu.

Ah ! Fritz, les hommes ne sont plus les mêmes. De mon temps, les autres payaient toujours les frais de la guerre ; l'empereur Napoléon avait cela de bon : il ne ruinait pas la France, mais les ennemis. Aujourd'hui, c'est nous qui payons notre gloire.

Et dans ce temps-là les soldats rapportaient du butin : des sacs, des épaulettes, des capotes, des ceintures d'officiers, des montres, etc., etc. ! Ils se rappelaient que le général Bonaparte leur avait dit en 1796 : « Vous n'avez pas d'habits, pas de souliers ; la République vous doit beaucoup, elle ne peut rien vous donner. Je vais vous conduire dans le plus riche pays du monde ; vous y trouverez honneurs, gloire, richesses !... » Enfin je vis tout de suite que nous allions vendre des petits verres en quantité.

Comme le sergent passait, je lui criai de loin :

« Sergent! »

Il me vit dans la foule, les bras étendus, et tout joyeux, il me donna la main en criant :

« Ça va bien, père Moïse, ça va bien! »

Tout le monde riait.

Alors, sans attendre la fin du défilé, je courus à la halle ouvrir notre boutique.

Le petit Sâfel avait aussi compris que nous ferions une bonne journée, car, au milieu de la presse, il était venu me tirer par la basque de ma capote, en me criant :

« J'ai la clef de la halle... je l'ai... Dépêchons-nous! Tâchons d'arriver avant Frichard!... »

Ce que c'est pourtant que l'esprit naturel d'un enfant, cela se montre tout de suite; c'est un véritable don du Seigneur.

Nous courûmes donc au magasin. J'ouvris mon étalage, où Sâfel resta seul quelques minutes, pendant que j'allais casser une croûte à la maison, et prendre une bonne somme en gros sous et petite monnaie, pour trafiquer.

Sorlé et Zeffen étaient dans leur comptoir, en train de verser des petits verres. Tout allait bien, comme d'habitude. Mais, un quart d'heure après, lorsqu'on eut rompu les rangs et remis les fusils en place à la caserne, la presse devint si grande au magasin de la halle pour me vendre habits, sacs, montres, pistolets, manteaux, épaulettes, etc., que, sans l'aide de Sâfel, jamais je n'aurais pu m'en tirer.

J'avais en quelque sorte tout pour rien. Ces gens-là ne s'inquiétaient pas du lendemain; leur seule idée était de bien vivre au jour le jour, d'avoir du tabac, de l'eau-de-vie, et les autres agréments qui ne manquent jamais dans une ville de garnison.

Ce jour-là, dans six heures de temps, je remontai mon magasin, en habits, capotes, pantalons, et bottes solides de vrai cuir d'Allemagne première qualité, et j'achetai des objets de toute sorte, — pour près de quinze cents livres, — que j'ai revendus plus tard six ou sept fois plus cher qu'ils ne m'avaient coûté. Tous ces landwehr étaient des bourgeois aisés et même riches, habillés d'une façon cossue.

Les soldats me vendirent aussi beaucoup de montres, dont le vieil horloger Goulden n'avait pas voulu, parce qu'on les avait prises sur les morts.

Mais ce qui me fit plus de plaisir que tout le reste, c'est que Frichard étant malade depuis trois ou quatre jours, il ne put venir ouvrir sa boutique. Je ris encore quand j'y pense. Le gueux en attrapa cette jaunisse verte, qui ne l'a plus quitté jusqu'à sa mort.

Sâfel alla, vers midi, chercher notre dîner dans

une corbeille; nous mangeâmes sous l'échoppe, pour ne pas lâcher la pratique, et jusqu'à la nuit close nous ne pûmes sortir une minute. A peine une bande venait-elle de s'en aller, qu'il en arrivait deux et souvent trois autres à la fois.

Je tombais de fatigue, et Sâfel aussi; l'amour du commerce nous soutenait seul.

Ce que je me rappelle encore d'agréable, c'est qu'en retournant chez nous, quelques instants avant sept heures, nous vîmes de loin l'autre boutique remplie de monde. Ma femme et ma fille ne pouvaient fermer le comptoir; elles avaient augmenté les prix, et les soldats n'y prenaient même pas garde, ils trouvaient cela tout simple; de sorte que, non-seulement l'argent de France que je venais de leur donner, mais encore les florins des Wurtembergeois rentraient dans ma poche.

Deux commerces qui s'aident l'un l'autre sont une excellente chose, Fritz; réfléchis à cela. Sans mes eaux-de-vie, je n'aurais pas eu l'argent nécessaire pour acheter tant d'effets; et sans la halle, où j'achetais comptant le butin, les soldats n'auraient pas eu de quoi boire mon eau-de-vie.

On voit clairement ici que l'Éternel favorise les hommes d'ordre et de paix, pourvu qu'ils sachent profiter des bonnes occasions.

Enfin, comme nous n'en pouvions plus, il fallut pourtant fermer, malgré les réclamations des soldats, et renvoyer le commerce au lendemain.

Sur les neuf heures, après le souper, nous étions tous réunis autour de la vieille lampe, à compter nos gros sous. J'en faisais des rouleaux de trois francs, et sur la chaise près de moi, le tas montait déjà presque au niveau de la table. Le petit Sâfel mettait les pièces blanches dans la sébille. Cette vue nous réjouissait, et Sorlé disait :

« Nous avons vendu le double des autres jours. Plus on augmente les prix, mieux cela marche. »

J'allais répondre qu'il faut pourtant de la modération en tout, — car les femmes, même les meilleures, ne connaissent pas cela, — lorsque le sergent entra prendre son petit verre. Il était en bonnet de police, et portait en travers de sa capote une sorte de sac de cuir roux, qui lui pendait sur la hanche.

« Hé ! hé ! fit-il à la vue des rouleaux. Diable !... diable !... vous devez être content de la journée, père Moïse ?

— Oui, pas mal, sergent, lui répondis-je tout joyeux.

— Je crois bien, fit-il en s'asseyant et goûtant le petit verre de kirschenwasser que Zeffen venait de lui verser, je crois bien, encore une ou deux sorties, et vous passerez colonel dans le régiment de la boutique. Tant mieux, ça me fait plaisir. »

Puis, tout riant :

« Hé! père Moïse, voyez donc ce que j'ai là, s'écria-t-il; ces gueux de kaiserlicks ne se refusent rien. »

En même temps, il ouvrit son sac, et commença par en tirer une paire de mouffles fourrées de peau de renard, ensuite de bonnes chaussettes de laine, et un grand couteau à manche de corne et lames d'acier très-fin. Il ouvrait les lames et disait :

« On trouve de tout là-dedans, une serpette, une scie, de petits couteaux et des grands, jusqu'à des limes pour les clous.

— C'est pour les ongles, sergent, lui dis-je.

— Ah! ça ne m'étonnerait pas, fit-il; ce gros landwehr était propre comme un écu neuf. Il devait se limer les ongles. Mais attendez! »

Ma femme et mes enfants, penchés autour de nous, regardaient avec de grands yeux. Lui, fourrant la main dans une sorte de portefeuille sur le côté du sac, en tira une jolie miniature, entourée d'un cercle d'or en forme de montre, mais plus grand.

« Regardez... Qu'est-ce que ça peut valoir? »

Je regardai, puis Sorlé, puis Zeffen et Sâfel. Nous étions tous émerveillés d'un si beau travail, et même attendris, parce que la miniature représentait une jeune femme blonde et deux beaux enfants, frais comme des boutons de rose.

« Eh bien, que pensez-vous de ça? demanda le sergent.

— C'est très-beau, dit Sorlé.

— Oui, mais qu'est-ce que cela vaut? »

Je repris la miniature, et je répondis, après l'avoir examinée :

« Pour un autre que vous, sergent, je dirais que cela vaut cinquante francs, mais l'or seul vaut plus, et je l'estime bien à cent francs; nous pourrons le peser.

— Et le portrait, père Moïse?

— Le portrait n'a pas de valeur pour moi, je vous le rendrai; ces choses-là ne se vendent pas dans ce pays, elles n'ont de prix que pour la famille.

— Bon, dit-il, nous en recauserons plus tard.

Il remit la miniature dans le sac, et me demanda :

« Savez-vous lire l'allemand?

— Très-bien.

— Ah! bon. Je suis curieux de savoir ce que ce kaiserlick avait à écrire. Regardez... c'est une lettre! Il attendait bien sûr leur vaguemestre pour l'envoyer en Allemagne. Mais nous sommes arrivés trop tôt. Qu'est-ce qu'il raconte? »

Il me remit donc une lettre adressée à madame Rœdig, à Stuttgardt, Bergstrasse, n° 6. Cette lettre, Fritz, la voici, Sorlé l'a conservée; elle t'en dira plus sur la landwehr que je ne pourrais t'en raconter.

« Biegelberg, le 25 février 1814.

« Chère Aurélia,

« Ta bonne lettre du 29 janvier est arrivée trop « tard à Coblentz; le régiment venait de se mettre « en route pour l'Alsace.

« Nous avons eu bien des misères... de la pluie... « de la neige. Le régiment est arrivé d'abord à « Bitche, un des forts les plus terribles qu'il soit « possible de voir, bâti sur des rochers jusque dans « le ciel. Nous devions aider à le bloquer; mais « un nouvel ordre nous a fait aller plus loin, au « fort de Lutzelstein, dans la montagne, où nous « sommes restés deux jours au village de Péters-« bach, pour sommer cette petite place de se « rendre. Quelques vétérans qui la gardent nous « ayant répondu par des coups de canon, le colo-« nel ne jugea pas nécessaire de livrer l'assaut; et « grâce à Dieu, nous reçûmes l'ordre d'aller blo-« quer une autre forteresse, entourée de bons vil-« lages qui nous fournissent des vivres en abon-« dance : c'est Pfalsbourg, à deux lieues de Za-

« bern. Nous remplaçons ici le régiment autrichien « de Vogelgesang, parti pour la Lorraine.

« Ta bonne lettre m'a suivi partout, et mainte- « nant elle me comble de bonheur. Embrasse la « petite Sabina et notre cher petit Heinrich pour « moi cent fois, et reçois aussi mes embrassements, « chère femme adorée !

« Ah ! quand serons-nous encore une fois réu- « nis dans notre petite pharmacie ? Quand rever- « rai-je mes fioles bien étiquetées autour de moi « sur leurs rayons, avec la tête d'Esculape et celle « d'Hippocrate au-dessus de la porte ? Quand « pourrai-je reprendre mon pilon, et mêler mes « drogues d'après les formules du Codex ? Quand « aurai-je la joie de m'asseoir encore dans mon « bon fauteuil, en face d'un bon feu, dans notre « arrière-boutique, et d'entendre le petit cheval « de bois de Heinrich, — qui m'impatientait « tant ! — de l'entendre rouler sur le plancher ? Et « toi, chère femme adorée, quand crieras-tu : — « C'est mon Heinrich ! — en me voyant revenir « couronné des palmes de la victoire ?... »

— Ces Allemands, interrompit le sergent, sont bêtes comme des ânes. On leur en donnera des palmes de la victoire. Quelle bête de lettre ! »

Mais Sorlé et Zeffen m'écoutaient lire, les larmes aux yeux. Elles tenaient nos enfants entre leurs bras ; et moi, songeant que Baruch aurait pu se trouver dans la même position que ce pauvre homme, j'en étais tout ému.

Maintenant, Fritz, écoute la fin :

« Nous sommes ici dans une vieille tuilerie, à « portée de canon du fort. Chaque soir on tire « quelques obus sur la ville, par ordre du général « russe Berdiaiw, dans l'espoir de décider ces gens « à nous ouvrir les portes. Cela ne peut tarder « longtemps : les vivres leur manquent ! Alors « nous serons logés commodément chez les bour- « geois jusqu'à la fin de cette campagne glorieuse ; « et ce sera bientôt, car les armées régulières ont « toutes passé sans résistance, et journellement la « nouvelle de grandes victoires en Champagne « nous arrive : Bonaparte est en pleine retraite ; « les feld-maréchaux Blücher et Schwartzemberg « se réunissent, et n'ont plus que cinq ou six jour- « nées de marche pour arriver à Paris... »

— Comment... comment !... Qu'est-ce qu'il dit ? Qu'est-ce qu'il raconte ? — bégaya le sergent, en se penchant presque sur le papier. — Recommencez-moi ça ! »

Je le regardai ; il était tout blanc, ses joues tremblaient de colère.

« Il dit que les généraux Blücher et Schwartzemberg arrivent près de Paris.

— Près de Paris... eux!... Canaille!... » fit-il en bredouillant.

Puis tout à coup il se mit à rire en dessous d'un air mauvais, et dit :

« Ah ! tu voulais prendre Phalsbourg, toi!... Tu voulais retourner dans ton pays de choucroute, avec les palmes de la victoire... Hé! hé! hé! je te les ai données, les palmes de la victoire!... »

En même temps, il faisait le mouvement de piquer à la baïonnette :

« Une... *deusse*... hop! »

Rien que de le regarder, nous frissonnions tous.

« Oui, père Moïse, c'est comme ça, fit-il en vidant son verre à petites gorgées, j'ai cloué cette espèce d'apothicaire contre la porte de la Tuilerie. Il faisait une drôle de minc... les yeux lui sortaient de la tête. Son Aurélia pourra l'attendre longtemps!... Mais allez toujours. Seulement, madame Sorlé, je vous préviens que c'est tout mensonge, il ne faut pas croire un mot de tout ce qu'il dit; l'Empereur leur fera voir le tour, soyez tranquilles! »

Je n'avais plus envie de continuer; je me sentais froid sous la langue, et je finis vite, en passant les trois quarts, qui ne disaient rien de nouveau, que des compliments pour les amis et connaissances.

Le sergent lui-même en avait assez, et sortit aussitôt après en nous disant :

« Bonne nuit !... Jetez ça au feu ! »

Alors je mis cette lettre de côté, et nous nous regardâmes tous quelques instants. J'ouvris la porte... le sergent était dans sa chambre au bout de l'allée, et je dis tout bas :

« Quelle chose horrible !... Non-seulement un homme pareil tue un père de famille comme une mouche, mais encore il en rit après.

— Oui, répondit Sorlé, et le plus triste, c'est qu'il n'est pas méchant ; il aime trop l'Empereur, voilà tout ! »

Ce que racontait la lettre nous donnait aussi terriblement à réfléchir ; et cette nuit-là, malgré notre bon coup de commerce, je m'éveillai plus d'une fois, songeant à cette guerre épouvantable, et me demandant ce que deviendrait le pays, si Napoléon ne restait pas le maître. Mais ces choses étaient au-dessus de mes connaissances, et je ne savais quoi me répondre.

XVII

Depuis cette histoire de landwehr, le sergent nous faisait peur, mais il ne s'en apercevait pas, et venait régulièrement prendre son petit verre de kirschenwasser. Quelquefois, le soir, il levait la bouteille en face de notre lampe et s'écriait :

« Ça baisse, père Moïse, ça baisse!... Bientôt il va falloir se mettre à la demi-ration, et puis au quart, ainsi de suite. C'est égal, pourvu qu'il en reste une goutte, rien que l'odeur dans six mois, Trubert sera content. »

Il riait, et je m'indignais en pensant :

« Tu peux bien te contenter d'une goutte! Qu'est-ce qui vous manque, à vous autres? Les magasins de la place sont à l'épreuve de la bombe, les grands fours de la manutention chauffent tous les jours, la boucherie fournit à chaque soldat sa ration de viande fraîche, tandis que les honnêtes bourgeois sont heureux d'avoir encore des pommes de terre et de la viande salée! »

Voilà ce que je me disais de mauvaise humeur, en lui faisant tout de même bonne mine, à cause de sa méchanceté terrible.

Et c'était la vérité, Fritz; nos enfants eux-mêmes n'avaient plus d'autre nourriture que de la soupe aux pommes de terre, et du bœuf salé, d'où viennent une foule de maladies dangereuses.

La garnison ne manquait de rien; malgré cela, le gouverneur faisait publier à chaque instant qu'il fallait tout déclarer, qu'on allait recommencer les visites, et que ceux qu'on prendrait en faute seraient jugés d'après les rigueurs des lois militaires. Ces gens voulaient tout avoir pour eux; mais on ne les écoutait pas, chacun cachait ce qu'il pouvait.

Bienheureux, en ce temps, celui qui gardait une vache au fond de sa cave, avec quelques provisions de foin et de paille : le lait et le beurre étaient hors de prix. Bienheureux celui qui possédait quelques poules : un œuf frais valait à la fin de février quinze sous, et l'on ne pouvait pas en avoir. Le prix de la viande fraîche augmentait pour ainsi dire d'heure en heure, et l'on ne demandait pas si c'était du bœuf ou du cheval.

Le conseil de défense avait renvoyé les pauvres de la ville avant le blocus, mais il restait encore beaucoup d'indigents. Un grand nombre se glissaient la nuit dans les fossés par une poterne; ils allaient déterrer quelques racines sous la neige, et couper les orties dans les bastions, pour faire des épinards. Les sentinelles tiraient dessus; mais que ne risque-t-on pas pour manger? Il vaut encore mieux recevoir une balle, que de souffrir la faim.

Rien que de rencontrer ces êtres minables, ces femmes qui se traînaient le long des murs, ces enfants chétifs, on sentait venir la famine, et l'on s'écriait en soi-même :

« Si l'Empereur n'arrive pas nous délivrer, nous serons, dans un mois, comme ces malheureux! A quoi nous servira l'argent, lorsqu'un radis vaudra cent livres? »

Alors, Fritz, on ne riait plus en voyant les pauvres petits manger de bon appétit autour de la table; on se regardait l'un l'autre jusqu'au fond de l'âme, et ce coup d'œil suffisait pour se comprendre.

C'est dans ces occasions que l'esprit et le bon cœur d'une brave femme se montrent. Jamais Sorlé ne m'avait parlé de nos provisions; je connaissais sa prudence, et je pensais bien que nous devions avoir des vivres cachés quelque part, sans en être pourtant tout à fait sûr. Aussi le soir, en nous asseyant autour de notre maigre souper, la crainte de voir nos enfants manquer du nécessaire me faisait dire quelquefois :

« Mangez!... régalez-vous!... moi, je n'ai pas faim. Il me faudrait une omelette ou du poulet. Les pommes de terre ne me conviennent pas! »

Je riais, mais Sorlé voyait bien ce que je pensais.

« Allons, Moïse, me dit-elle un jour, mange hardiment. Nous n'en sommes pas où tu crois; et si pareille chose arrivait, eh bien! sois tranquille, on trouverait encore moyen de se tirer d'embarras. Tant que les autres auront de quoi vivre, nous ne périrons pas non plus. »

Elle me rendit courage, et je me régalai de bon cœur, car ma confiance reposait en elle.

Le même soir, lorsque Zeffen et les enfants furent couchés, Sorlé prit la lampe et me conduisit à sa cachette.

Nous avions trois caves sous la maison, très-petites et très-basses; un lattis les séparait. Contre le dernier de ces lattis, ma femme avait jeté des bottes de paille jusqu'en haut; mais, après avoir ôté la paille, nous pûmes entrer, et je vis au fond deux sacs de pommes de terre, un sac de farine, et sur la petite tonne d'huile, un bon morceau de bœuf salé.

Nous restâmes là plus d'une heure à regarder, à compter, à réfléchir. Ces provisions pouvaient nous mener un mois, et celles de la grande cave sous la rue, que nous avions déclarées au commissaire des vivres, une quinzaine de jours. De sorte que Sorlé me dit en remontant :

« Tu vois qu'avec de l'économie nous avons ce qu'il nous faut pour six semaines. Maintenant la grande disette commence, et si dans six semaines l'Empereur n'arrive pas, la place sera rendue. En attendant, il faut se contenter de pommes de terre et de viande salée. »

Elle avait raison, mais chaque jour je voyais combien cette nourriture nuisait à nos enfants; ils maigrissaient à vue d'œil, surtout le petit David; ses grands yeux brillants, ses joues creuses, son air de plus en plus abattu me serraient le cœur.

Je le prenais, je le caressais; je lui disais à l'oreille qu'après l'hiver nous irions à Saverne, et que son père le mènerait promener en voiture. Il me regardait tout rêveur, et puis il penchait la tête sur mon épaule, le bras autour de mon cou, sans répondre. — A la fin, il ne voulait plus manger.

Zeffen aussi perdait courage; souvent elle sanglotait et me prenait son enfant, en disant qu'elle voulait partir, qu'elle voulait voir Baruch.

Tu ne connais pas ces chagrins, Fritz, les chagrins d'un père pour ses enfants; ce sont les plus cruels de tous! aucun enfant ne peut se figurer combien ses parents l'aiment, et ce qu'ils souffrent de le voir malheureux.

Mais que faire au milieu de si grandes misères? Bien d'autres familles en France étaient encore plus à plaindre que nous.

Pendant que tout cela se passait, il faut te représenter toujours les patrouilles, toujours les obus le soir, toujours les réquisitions et les publications, toujours le rappel aux deux casernes et devant la mairie, les cris : « Au feu! » dans la nuit, le roulement des pompes, l'arrivée des parlementaires, les bruits qui se répandent en ville que nos armées sont en retraite, et qu'on va nous brûler de fond en comble!

Moins on sait de choses, plus les gens en inventent.

Il vaudrait mieux dire la vérité simplement. Alors chacun prendrait courage, car, dans tous les temps, j'ai vu que la vérité, même dans les plus grands malheurs, n'était jamais aussi terrible que ces inventions. — Si les républicains se sont si bien défendus, c'est qu'ils savaient tout, c'est qu'on ne leur cachait rien, et que chacun prenait les affaires de la patrie pour son propre compte.

Mais quand on cache leurs propres affaires aux gens, comment auraient-ils confiance? Un honnête homme n'a rien à cacher, et je dis qu'il en est de même d'un gouvernement honnête.

Enfin le mauvais temps, le froid, la disette, les

bruits de toute sorte augmentaient notre misère. Les hommes qu'on avait toujours vus fermes, comme Burguet, devenaient tristes; tout ce qu'ils pouvaient vous dire, c'était :

« Nous verrons... Il faut attendre!... »

La désertion recommençait, et l'on fusillait!

Notre commerce d'eau-de-vie allait toujours; j'avais déjà dédoublé sept pipes d'esprit, toutes mes dettes étaient payées, il me restait mon magasin de la Halle, plein de marchandises, et dix-huit mille livres à la cave; mais qu'est-ce que l'argent, quand on tremble pour la vie de ceux qu'on aime?

Le 6 mars, vers neuf heures du soir, nous venions de souper, comme à l'ordinaire, et le sergent, en fumant sa pipe, les jambes croisées près de la fenêtre, nous avait regardés sans rien dire.

C'était l'heure où le bombardement commençait, on entendait les premiers coups de canon, derrière le fond de Fiquet; un coup de canon de l'avancée venait de leur répondre; cela nous avait en quelque sorte réveillés, car nous étions tout pensifs.

« Père Moïse, me dit le sergent, les enfants sont pâles!

— Je le sais bien, sergent, » lui répondis-je avec une grande tristesse.

Il ne dit plus rien; et comme Zeffen venait de

sortir pour pleurer, il prit le petit David sur ses genoux et le regarda longtemps. Sorlé tenait le petit Esdras endormi dans ses bras, Sâfel levait la nappe, et roulait les serviettes pour les mettre dans l'armoire.

« Oui, dit le sergent, il faut y prendre garde, père Moïse; nous causerons de ça plus tard. »

Je le regardai tout surpris; il vida sa pipe au bord du poêle, et sortit en me faisant signe de le suivre. Zeffen rentrait, je lui pris la chandelle dans la main. Le sergent me conduisit dans sa petite chambre au fond de l'allée, il ferma la porte, et s'assit au pied de son lit, en me disant :

« Père Moïse, ne vous effrayez pas... mais le typhus vient d'éclater encore une fois en ville; cinq soldats sont entrés ce matin à l'hôpital, le commandant de place Moulin est pris... On parle aussi d'une femme et de trois enfants. »

Il me regardait, je me sentais tout froid!

« Oui, fit-il, cette maladie-là, je la connais depuis longtemps; nous l'avons eue en Pologne, en Russie, après la retraite, en Allemagne. Elle vient surtout de la mauvaise nourriture. »

Alors je ne pus m'empêcher de crier en sanglotant :

« Hé! mon Dieu! que voulez-vous que j'y fasse?... Si je pouvais donner ma vie pour mes enfants, tout serait bien. Mais que voulez-vous que j'y fasse?

— Demain, père Moïse, je vous apporterai mon bon de viande, dit le sergent, et vous ferez du bouillon pour les enfants. Madame Sorlé pourra toucher le bon à la Halle, ou, si vous aimez mieux, j'irai moi-même. Vous aurez tous mes bons de viande fraîche jusqu'à la fin du blocus, père Moïse. »

En entendant cela, je fus tellement touché, que j'allai lui prendre la main, en criant :

« Sergent, vous êtes un brave homme. Pardonnez-moi, j'avais une mauvaise pensée contre vous !

— Quelle pensée? dit-il en fronçant les sourcils.

— A cause du landwehr de la Tuilerie !...

— Ah ! bon... c'est différent... ça m'est bien égal ! fit-il. Si vous saviez tous les *Kaiserlicks* que j'ai mis en bas depuis vingt ans, vous en auriez encore d'autres, de mauvaises pensées sur mon compte. Mais il ne s'agit pas de ça ; vous acceptez, père Moïse?

— Et vous, sergent, lui dis-je, qu'est-ce que vous mangerez?

— Ne vous inquiétez pas de moi, le sergent Trubert n'a jamais manqué de rien ! »

Comme je voulais le remercier, il s'écria :

— Bon... c'est entendu ! Je ne puis pas vous rendre du brochet, de l'oie grasse, mais une bonne soupe en temps de blocus vaut aussi quelque chose. »

Il me serrait la main en riant. Moi, j'étais bouleversé, j'avais les yeux pleins de larmes.

« Allons, bonne nuit ! fit-il en me reconduisant à la porte, tout ira bien. Dites à madame Sorlé que tout ira bien. »

Je sortis en bénissant cet homme, et je racontai tout à Sorlé, qui fut encore plus attendrie que moi. Nous ne pouvions pas refuser : c'était pour les enfants ! et depuis huit jours on ne trouvait plus que de la viande de cheval chez les bouchers.

Le lendemain donc nous eûmes de la viande fraîche, pour faire du bouillon à ces pauvres petits. Mais la terrible maladie était déjà chez nous, Fritz ! Tiens, quand j'y pense après tant d'années, cela me retourne encore le cœur. Pourtant je ne puis pas me faire de reproches : avant d'aller toucher le bon, j'avais consulté notre vieux *rebbe* sur la qualité de cette viande selon la loi, et il m'avait répondu :

« La première loi est de sauver Israël ; or, comment Israël peut-il être sauvé, si ses enfants périssent ? »

Mais, par la suite des temps, cette autre loi m'est revenue :

« L'âme de toute chair est dans le sang, c'est pourquoi j'ai dit aux enfants d'Israël : Vous ne mangerez le sang d'aucune chair, car l'âme de toute chair est son sang. Quiconque en mangera sera retranché, et quiconque mangera de quelque bête malade sera souillé. »

Dans ma grande désolation, les paroles de l'Éternel me sont revenues, et j'ai pleuré.

Toutes ces bêtes étaient malades depuis six semaines; elles vivaient dans la boue, sous la neige et les vents, entre les bastions de l'arsenal et de la manutention. Les soldats, qui presque tous étaient des fils de paysan, devaient pourtant savoir qu'elles ne pouvaient pas vivre au grand air, par un froid pareil; c'était facile de leur construire un abri. Mais quand les chefs se chargent de tout, les autres ne pensent plus à rien : ils oublient même le métier de leur village. Et si malheureusement ceux qui commandent ne donnent pas d'ordres, rien ne se fait.

Voilà pourquoi ces animaux n'avaient plus ni chair ni graisse, voilà pourquoi ce n'étaient plus que des carcasses tremblantes de misère et de fièvre, et pourquoi leur chair souffrante, devenue malsaine, était souillée d'après la loi de Dieu.

Bien des soldats en moururent. Le mauvais vent des cadavres étendus par centaines autour de la Tuilerie, de la ferme Ozillo et dans les jardins, en passant sur la ville, fut aussi cause de la maladie.

La justice de l'Éternel se montre en tout; quand les vivants ne remplissent pas leurs devoirs envers les morts, ils périssent!

Je m'étais souvenu de ces choses trop tard, c'est pourquoi je n'y pense qu'avec douleur.

XVIII

Ce qui me fait encore le plus de peine aujourd'hui, Fritz, c'est la manière dont la terrible maladie entra chez nous.

Le 12 mars, les gens parlaient d'une quantité d'hommes, de femmes, d'enfants, en train de mourir. On n'osait pas écouter, on se disait :

« Personne n'est malade dans notre maison, l'Éternel veille sur nous! »

David, après souper, était venu s'arrondir dans mes bras, sa petite main sur mon épaule. Je regardais; il semblait bien assoupi, mais les enfants ont toujours sommeil à la nuit. Esdras dormait déjà, Sâfel venait de nous souhaiter le bonsoir.

Enfin, Zeffen prit l'enfant, et nous allâmes tous nous coucher.

Cette nuit-là, les Russes ne tiraient pas; le typhus était peut-être aussi chez eux, je n'en sais rien.

Vers minuit, nous dormions donc à la grâce de Dieu, quand j'entends un cri terrible.

J'écoute... et Sorlé me dit :

« C'est Zeffen ! »

Aussitôt je me lève, je veux allumer la lampe ; j'étais dans le trouble, je ne trouvais plus rien.

Sorlé fit de la lumière, je tirai mon pantalon et je courus à la porte. Mais, à peine dans l'allée, Zeffen sort de la chambre comme une folle, ses grands cheveux noirs défaits. Elle me crie :

« L'enfant !... »

Sorlé me suivait. Nous entrons, nous nous penchons sur le berceau. Les deux enfants semblaient dormir : Esdras tout rose, David blanc comme la neige.

D'abord je ne voyais rien, à cause de l'épouvante, mais ensuite je pris David pour l'éveiller ; je le secouai, criant :

« David !... »

Et seulement alors nous vîmes qu'il avait les yeux ouverts et retournés. — Zeffen criait :

« Éveillez-le !... éveillez-le !... »

Sorlé, me le prenant des mains, dit :

« Donne !... Fais du feu... chauffe de l'eau. »

Et nous le posâmes sur le lit, en travers, en le secouant et l'appelant. Le petit Esdras pleurait.

« Allume du feu, me répéta Sorlé, et toi, Zeffen, sois plus calme; ces cris ne servent à rien. Vite... vite... du feu! »

Mais Zeffen ne cessait de crier :

« Mon pauvre enfant!...

— Il va se réchauffer, dit Sorlé; seulement, Moïse, dépêche-toi de t'habiller, cours chez le docteur Steinbrenner. »

Elle était plus pâle, plus effrayée que nous, mais l'esprit n'a jamais abandonné cette brave femme, ni le courage. Elle avait fait du feu, le fagot petillait dans la cheminée.

Alors je courus mettre ma capote, et je descendis en pensant :

« Que le Seigneur ait pitié de nous!... Si l'enfant meurt, je ne lui survivrai pas... Non!... c'est lui que j'aime le plus... je ne pourrai pas lui survivre. »

Car tu sauras, Fritz, que le plus malheureux, le plus en danger de nos enfants, est toujours celui qu'on aime le plus; il en a le plus besoin : nous oublions les autres! L'Éternel a voulu cela, sans doute pour le plus grand bien.

Je courais déjà dans la rue.

On n'a jamais vu de nuit plus sombre : le vent du Rhin soufflait, la neige en poussière volait; quelques fenêtres, éclairées de loin en loin, montraient les maisons où l'on veillait des malades.

J'avais la tête nue, et je ne sentais pas le froid. Je criais en moi-même :

« Voici le dernier jour !... ce jour dont l'Éternel a dit : « Avant la moisson, quand le bouton sera « dans sa fleur, et que la fleur se changera en « grappe près de mûrir, je le retrancherai ; je cou- « perai ses branches avec ma serpe, elles seront « foulées aux pieds. »

Dans ces pensées effrayantes, je traversais la grande place, où le vent secouait les vieux ormes pleins de givre.

Sur le coup d'une heure, je poussais la porte du docteur Steinbrenner ; sa grosse poulie grelottait dans le vestibule. Comme j'allais à tâtons, cherchant la rampe, la servante parut avec une lumière au haut de l'escalier.

« Qui est là ? fit-elle en avançant sa lanterne.

— Ah ! lui répondis-je, que M. le docteur arrive bien vite, nous avons un enfant malade, bien malade. »

Et je ne pus retenir mes sanglots.

« Montez, monsieur Moïse, me dit cette fille ; monsieur vient de rentrer, il n'est pas encore couché. Montez un instant, réchauffez-vous. »

Mais le père Steinbrenner avait tout entendu.

« C'est bien, Thérèse, dit-il en sortant de sa chambre ; entretenez le feu, dans une heure au plus, je serai de retour. »

Il avait déjà remis son grand tricorne et sa houppelande en poil de chèvre.

Nous traversâmes la place sans rien nous dire. Je marchais devant; quelques minutes après, nous montions notre escalier.

Sorlé avait placé une chandelle au haut des marches, je la pris et je conduisis M. Steinbrenner à la chambre de l'enfant.

En entrant, tout paraissait plus calme. Zeffen, assise dans le fauteuil derrière la porte, la tête sur ses genoux et les épaules nues, ne criait plus : elle pleurait. L'enfant était dans le lit; Sorlé, debout à côté, nous regardait.

Le docteur posa son chapeau sur la commode.

« Il fait trop chaud ici, dit-il, donnez un peu d'air. »

Ensuite il s'approcha du lit. Zeffen s'était levée, pâle comme une morte. Le médecin, ayant pris la lampe, regarda notre pauvre petit David; il leva la couverture, et sortit ses petites jambes encore toutes rondes, il écouta la respiration. Esdras s'était remis à pleurer, il se retourna et dit :

« Sortez l'autre enfant de cette chambre... j'ai besoin de calme... et puis l'air des malades n'est pas bon pour de si petits enfants. »

Il me regardait de côté. Je compris ce qu'il voulait dire : — C'était le typhus! — Je regardai ma femme... elle comprenait aussi.

En ce moment, je crus qu'on m'arrachait le cœur; j'aurais voulu gémir, mais Zeffen était là, derrière nous, qui se penchait, et je ne dis rien, ni Sorlé non plus.

Le docteur ayant demandé du papier pour écrire sa prescription, nous sortîmes ensemble. Je le conduisis dans notre chambre, et la porte étant refermée, je me mis à sangloter.

Il me dit :

« Moïse, vous êtes un homme, ne pleurez pas. Songez que vous devez l'exemple du courage à deux pauvres femmes. »

Je lui demandai tout bas, dans la crainte d'être entendu :

« Il n'y a donc plus d'espoir?

— C'est le typhus! dit-il. Nous ferons ce que nous pourrons. Tenez, voici la prescription; allez chez Tribolin, son garçon veille toutes les nuits maintenant, il vous donnera cela. Dépêchez-vous! Et puis, au nom du ciel, faites sortir l'autre enfant de cette chambre, et votre fille, si c'est possible. Tâchez d'avoir des personnes étrangères, des gens habitués aux malades : le typhus se gagne. »

Je ne répondis rien.

Il reprit son chapeau et s'en alla.

Maintenant, que puis-je te dire encore? Le typhus est une maladie engendrée par la mort elle-même; c'est en parlant d'elle que le prophète s'est écrié :

« Le sépulcre s'est ému à cause de toi, pour aller à ta rencontre ! »

Combien j'en avais vu mourir du typhus dans nos hôpitaux, sur la côte de Saverne et ailleurs!

Quand les hommes se déchirent sans pitié, pourquoi la mort ne viendrait-elle pas à leur aide? Mais, ce pauvre enfant, qu'avait-il fait pour mourir sitôt? Voilà, Fritz, ce qu'il y a de plus épouvantable : il faut que tous expient le crime de quelques-uns! — Oui, quand je pense que mon enfant est mort de cette peste, amenée par la guerre du fond de la Russie jusque chez nous, et dont toute l'Alsace et la Lorraine ont été ravagées six mois, au lieu d'accuser l'Eternel, comme font les impies, j'en accuse les hommes. Dieu ne leur a-t-il pas donné la raison? Et quand ils ne s'en servent pas, quand ils se laissent exciter bêtement les uns contre les autres par quelques mauvais sujets, en est-il cause?

Mais à quoi servent les idées justes, quand on souffre?

Je me souviens que la maladie dura six jours, et ces jours-là sont les plus cruels de ma vie. J'avais peur pour ma femme, pour ma fille, pour Sâfel, pour Esdras. J'étais assis dans un coin, j'écoutais l'enfant respirer. Quelquefois il avait l'air de ne plus respirer du tout. Alors un froid me passait sur le corps; je m'approchais, je prêtais l'oreille. Et quand par hasard Zeffen arrivait malgré la défense du médecin, j'entrais dans une sorte de fureur; je la poussais dehors par les épaules, en frémissant.

Elle me disait :

« Mais c'est mon enfant... c'est mon enfant!... »

Et je lui répondais :

« Et toi, n'es-tu pas aussi mon enfant?... Je ne veux pas que vous mouriez tous! »

Après cela, je fondais en larmes, je tombais assis, regardant devant moi, sans force; j'étais épuisé de douleur.

Sorlé allait, venait dans la chambre, les lèvres serrées; elle préparait tout, elle veillait à tout.

Dans ce temps, le musc était le remède du typhus; la maison était pleine de musc. Souvent l'idée me prenait qu'Esdras allait être aussi malade. Ah! si le plus grand bonheur en ce monde est d'avoir des enfants, quelle douleur de les voir souffrir!... Quelle épouvante de penser à leur perte!... d'être là, d'entendre leur respiration pressée, leur délire, de reconnaître leur dépérissement d'heure en heure, de minute en minute, et de s'écrier au fond de son âme :

« La mort approche!... il n'y a plus rien... rien

pour te sauver, mon enfant! Je ne puis te donner ma vie... la mort n'en veut pas! »

Quel déchirement et quelles angoisses, jusqu'à la dernière seconde, où tout se tait!

Alors, Fritz, l'argent, le blocus, la famine, la désolation générale, tout était oublié. C'est à peine si je voyais le sergent entr'ouvrir chaque matin notre porte, et se pencher en demandant :

« Eh bien, père Moïse? eh bien? »

Je ne sais ce qu'il nous disait, je n'y faisais pas attention.

Mais ce qui me revient pourtant avec satisfaction, ce qui fait toujours mon orgueil, c'est qu'au milieu de cette désolation, où Sorlé, Zeffen et moi, tout le monde, nous perdions la tête, où nous oubliions les affaires, où nous laissions tout aller à l'abandon, le petit Sâfel prit tout de suite la direction du commerce. Chaque matin nous l'entendions se lever à six heures, descendre, ouvrir le magasin, monter une ou deux cruches d'eau-de-vie, et servir les pratiques.

Personne ne lui avait dit un mot de cela, mais Sâfel avait l'âme du commerce. Et si quelque chose était capable de consoler un père dans de pareils malheurs, ce serait de se voir revivre en quelque sorte dans un enfant si jeune, de se reconnaître et de penser : « Au moins la bonne race n'est pas perdue; il en reste toujours, pour conserver le bon sens dans ce monde! » Oui, c'est la seule consolation qu'un homme puisse avoir.

Notre *schabes goïé* faisait la cuisine, et la vieille Lanche nous aidait à veiller, mais le commerce reposait sur Sâfel seul; sa mère et moi, nous ne songions qu'à notre petit David.

Il mourut dans la nuit du 18 mars, le jour où l'incendie éclata dans la maison du capitaine Cabanier.

Cette même nuit, deux obus tombèrent sur notre maison; le blindage les fit rouler dans la cour, et tous deux éclatèrent en brisant les fenêtre de la buanderie, et démolissant la porte du bûcher, qui s'écroula d'un coup, avec un fracas horrible.

C'est le plus grand bombardement que la ville ait eu à supporter pendant ce blocus; car aussitôt que les ennemis virent monter le feu, ils tirèrent dessus de Mittelbronn, des Baraques d'en haut et du fond de Fiquet, pour empêcher les gens de l'éteindre.

Moi, je restai tout le temps avec Sorlé, près du lit de l'enfant, et le bruit des obus en éclatant ne nous fit rien.

Les malheureux ne tiennent plus à la vie... Et puis l'enfant était si mal!... il avait des plaques bleues sur tout le corps.

La fin approchait.

Je me promenais dans la chambre. Dehors, on criait :

« Au feu!... au feu!... »

Les gens passaient comme un torrent dans la rue. Nous entendions ceux qui revenaient de l'incendie donner des nouvelles, et les pompes accourir, les soldats ranger la foule à la chaîne, les obus éclater à droite et à gauche.

Devant nos fenêtres, de longues traînées de flamme rouge descendaient par-dessus les toits du quartier en face, et battaient les vitres. Nos canons répondaient à l'ennemi tout autour de la ville. De temps en temps, on entendait crier :

« Place!... place! »

C'étaient les blessés qu'on emportait.

Deux fois des piquets montèrent jusque dans notre chambre, pour me mettre dans la chaîne; mais, en me voyant assis près de l'enfant avec Sorlé, ils redescendirent.

Le premier obus éclata chez nous vers onze heures, le second, à quatre heures du matin ; tout grelottait des greniers à la cave : le plancher, le lit, les meubles étaient comme soulevés; mais, dans notre épuisement et notre désespoir, nous ne dîmes seulement pas un mot.

Zeffen accourut avec Esdras et le petit Sâfel au premier obus. On voyait que David allait mourir. La vieille Lanche et Sorlé, assises, sanglotaient. Zeffen se mit à crier.

J'ouvris les fenêtres tout au large, pour donner de l'air, et la fumée de poudre dont la ville était couverte entra dans la chambre.

Sâfel vit tout de suite que l'heure approchait; je n'eus besoin que de le regarder, il sortit et revint bientôt, malgré la foule, par une rue détournée, avec le chantre Kalmes, qui se mit à réciter la prière des agonisants :

« L'Éternel règne... L'Éternel a régné... L'É-
« ternel régnera partout et à jamais!

« Loué soit partout et à jamais le nom de son
« règne glorieux!

« C'est l'Éternel qui est Dieu! C'est l'Éternel
« qui est Dieu! C'est l'Éternel qui est Dieu!

« Écoute, Israël, notre Dieu l'Éternel est un.

« Va donc où le Seigneur t'appelle... va, et que
« sa miséricorde t'assiste.

« Que l'Éternel, notre Dieu, soit avec toi; que
« ses anges immortels te conduisent jusqu'au
« ciel, et que les justes se réjouissent quand le
« Seigneur t'accueillera dans son sein!

« Dieu de miséricorde, reçois cette âme au mi-
« lieu des joies éternelles! »

Moi et Sorlé, nous répétions en pleurant ces paroles saintes. Zeffen, comme morte, était couchée, les bras étendus en travers du lit, sur les pieds de son enfant. Son frère Sâfel, derrière, pleurait à chaudes larmes, en l'appelant tous bas :

« Zeffen !... Zeffen !... »

Mais elle ne l'entendait pas; son âme était perdue dans les douleurs infinies.

Dehors, les cris : « Au feu ! » les commandements des pompes, le tumulte de la foule, le roulement de la canonnade continuaient; les éclairs coup sur coup remplissaient les ténèbres.

Quelle nuit, Fritz, quelle nuit !

Tout à coup Sâfel, s'étant penché sous le rideau, se retourna tout épouvanté. Ma femme et moi, nous courûmes, et nous vîmes la mort de l'enfant; nous levâmes les mains en éclatant en sanglots. Le chantre cessa de psalmodier. — Notre David était mort !

Le plus terrible, c'est le cri de la mère ! Elle était étendue, comme évanouie; mais quand le chantre, se penchant, referma la lèvre et dit : *Amen!* elle se releva, prit le petit, regarda; et puis, le levant au-dessus de sa tête, elle se mit à courir vers la porte, en criant d'une voix déchirante :

« Baruch... Baruch... sauve notre enfant ! »

Elle était folle, Fritz ! Et moi, dans cette dernière épouvante, je l'arrêtai; je lui repris par force le petit corps, qu'elle voulait emporter. Et Sorlé, l'entourant de ses bras, avec des gémissements sans fin, la mère Lanche, le chantre, Sâfel, tous l'entraînèrent dehors.

Je restai seul, et j'entendis les gens descendre, entraînant ma fille.

Comment un homme peut-il supporter de si grandes douleurs?

Je remis David dans le lit, et je le couvris, à cause des fenêtres ouvertes. Je savais bien qu'il était mort, mais il me semblait qu'il aurait froid. Je le regardai longtemps sans pleurer, pour garder dans mon cœur cette jolie figure.

Tout se déchirait là!... tout!... Je sentais comme une main m'arracher les entrailles, et dans ma folie, j'accusais l'Eternel, je lui disais :

« Je suis l'homme qui ai vu l'affliction par la verge de ta fureur! Certainement, tu t'es tourné contre moi. Tu as fait vieillir ma chair, et tu as brisé mes os. Tu m'as plongé dans les ténèbres. Même quand je crie et que je frémis, tu rejettes ma prière. Tu es pour moi comme un lion qui se tient dans ses cavernes! »

Ainsi je me promenais en gémissant et même en blasphémant. Mais le Dieu de miséricorde m'a pardonné; il savait bien que ce n'était pas moi qui parlais, mais mon désespoir.

Je m'assis à la fin. Les autres revenaient... Sorlé s'assit près de moi en silence. Sâfel me dit :

« Zeffen est chez le *rebbe*, avec Esdras. »

Je ne lui répondis pas, et me couvris la tête.

Ensuite quelques femmes, avec la vieille Lanche, étant arrivées, je pris Sorlé par la main, et nous entrâmes dans la grande chambre, sans prononcer une parole.

La vue seule de cette chambre, où les deux petits frères avaient joué si longtemps, me fit encore répandre des larmes, et Sorlé, Sâfel et moi, nous pleurâmes ensemble.

La maison se remplissait de monde; il pouvait être huit heures, et l'on savait déjà que nous avions un enfant mort.

XIX

Alors, Fritz, commencèrent les funérailles.

Tous ceux qui mouraient du typhus devaient être enterrés le jour même : les chrétiens derrière l'église, et les juifs dans les fossés de la place, à l'endroit où se trouve aujourd'hui le manége.

Les vieilles étaient déjà là, pour laver le pauvre petit être, pour le peigner et lui couper les ongles, selon la loi du Seigneur. Quelques-unes cousaient le linceul.

Les fenêtres ouvertes laissaient passer le vent, les volets battaient les murs. Le *schamess* (1) se promenait dans les rues, frappant les portes de son marteau, pour réunir nos frères.

Sorlé s'assit à terre, la tête voilée. Et moi, entendant Desmarets monter, j'eus encore le courage d'aller à sa rencontre, et de lui montrer la chambre. — Le pauvre ange était dans sa petite che-

(1) Bedeau.

mise, sur le plancher, la tête relevée par un peu de paille, et le petit *thaleth* dans ses doigts. Il était redevenu si beau, avec ses cheveux bruns et ses lèvres entr'ouvertes, qu'en le voyant je pensai :

« L'Éternel a voulu t'avoir près de son trône ! »

Et mes larmes coulaient sans bruit; ma barbe en était pleine.

Desmarets prit donc la mesure et s'en alla. Une demi-heure après, il revenait, le petit cercueil de sapin sous le bras, et la maison fut de nouveau remplie de gémissements.

Je ne pus voir clouer l'enfant!... J'allai m'asseoir sur le sac de cendres, couvrant ma figure des deux mains, et criant en moi-même, comme Jacob :

« Certainement je descendrai avec cet enfant au sépulcre... Je ne lui survivrai pas. »

Bien peu de nos frères arrivèrent, car l'épouvante était en ville : on savait que l'ange de la mort passait, et que les gouttes de sang pleuvaient de son épée dans les maisons ; chacun vidait l'eau de sa cruche sur le seuil, et rentrait vite. Mais les meilleurs arrivèrent pourtant en silence, et, vers le soir, il fallut partir et descendre par la poterne.

J'étais seul de la famille, — Sorlé n'avait pu me suivre, ni Zeffen, — j'étais seul pour jeter la pelletée de terre! Et les forces m'abandonnèrent, il fallut me ramener jusqu'à notre porte. Le sergent me soutenait par le bras; il me parlait, et je ne l'entendais pas : j'étais comme mort.

Tout ce qui me revient encore de ce jour épouvantable, c'est le moment où, rentré chez nous, — assis sur le sac, devant notre âtre froid, les pieds nus, la tête penchée et l'âme dans les abîmes, — le *schamess* s'avança près de moi, me toucha l'épaule et me fit lever; et que, sortant son couteau de sa poche, il me fendit l'habit, en le déchirant jusqu'à la hanche. Ce coup fut le dernier et le plus terrible; je retombai, murmurant avec Job :

« Que le jour où je naquis périsse! et la nuit en laquelle il fut dit : Un homme est né! Que les nuées obscures demeurent sur lui, qu'on l'ait en horreur, comme un jour d'amertume! car le deuil, le grand deuil n'est pas celui qui descend du père à l'enfant, mais celui qui remonte de l'enfant au père. Pourquoi m'a-t-on reçu sur les genoux, et pourquoi m'a-t-on présenté des mamelles? Maintenant je serais couché dans la tombe, et je reposerais! »

Et ma douleur, Fritz, n'eut point de fin; je m'écriais :

« Que dira Baruch, et que lui répondrai-je lorsqu'il me redemandera son enfant? »

Le commerce ne me touchait plus. Zeffen vi

vait chez le vieux *rebbe*; sa mère passait les jours avec elle, pour soigner Esdras et la consoler.

Tout était ouvert dans la maison; la *schabes goïé* brûlait du sucre et des piments, et le vent du ciel, entrant partout, purifiait l'air. — Sâfel vendait.

Moi, le matin, devant l'âtre, je faisais cuire quelques pommes de terre, j'en mangeais avec un peu de sel, et puis je m'en allais, oubliant tout comme un malheureux. J'errais tantôt à droite, tantôt à gauche, du côté de l'ancienne Gendarmerie, autour des remparts, aux endroits détournés.

La vue des gens me faisait mal, surtout de ceux qui avaient connu l'enfant.

C'est alors, Fritz, que la misère était grande; c'est alors que la faim, le froid, les souffrances de toute sorte accablaient la ville; c'est alors que les figures s'amaigrissaient, et qu'on voyait des femmes, des enfants, à demi nus et tremblants, marcher dans l'ombre des ruelles désertes.

Ah ! de si grandes misères ne reviendront plus; nous ne sommes plus à ces temps de guerres abominables, — qui duraient des vingt ans! — où les grandes routes ressemblaient à des ornières et les chemins à des ruisseaux de fange; où les terres restaient en friche, faute de bras; où les maisons s'affaissaient faute d'habitants; où les pauvres allaient pieds nus et les riches en sabots, pendant que des officiers supérieurs passaient sur des chevaux superbes, regardant le genre humain d'un œil de mépris.

On ne supporterait plus cela!

Mais alors tout était détruit, humilié dans la nation, les bourgeois et le peuple n'étaient plus rien; on ne connaissait plus que la force. Quand on disait :

« Il y a pourtant une justice, un droit, une vérité! »

La mode était de répondre en souriant :

« Je ne comprends pas! »

Et l'on passait pour un homme d'esprit, un homme d'expérience qui fera son chemin.

Au milieu de ma désolation, je regardais ces choses sans y penser, mais depuis elles me sont revenues, et des milliers d'autres; tous ceux qui restent, peuvent aussi s'en souvenir.

Un matin, j'étais sous la vieille halle, à regarder les misérables acheter de la viande. On abattait alors les chevaux du Rouge-Colas et ceux des gendarmes, — aussi décharnés que les bestiaux du fossé, — et l'on vendait cette viande très-cher.

Je regardais ces tourbillons de vieilles femmes hâves, de bourgeois les yeux creux, tous ces êtres minables pressés devant l'étal de Frantz Sépel, qui leur distribuait des morceaux de carcasse.

On ne voyait plus les gros chiens de Frantz rôder autour de la boucherie, en se léchant la gueule. Les mains sèches des vieilles s'allongeaient au bout de leurs bras décharnés, pour tout happer; les voix faibles criaient en suppliant :

« Encore un peu de foie, monsieur Frantz, pour la réjouissance! »

Je regardais cela sous le grand toit sombre, où descendait un peu de lumière, par les trous des obus. De loin, entre les piliers vermoulus, quelques soldats, sous la voûte du corps de garde, leurs vieilles capotes pendant le long des hanches, regardaient aussi : — c'était comme un rêve.

Ma grande tristesse s'accordait avec ce spectacle, quand, au bout d'une demi-heure, au moment de m'en aller, je vis Burguet venir, en longeant la vieille cassine du père Brainstein, défoncée par les obus et penchée en décombres sur la ruelle.

Burguet m'avait dit, quelques jours avant notre malheur, que sa servante était malade; je n'y songeais plus, mais alors cela me revint.

Il me parut en ce moment tellement changé, tellement maigre, et les joues tellement tirées par les rides, que je crus ne pas l'avoir vu depuis des années. Son chapeau lui descendait jusque sur les yeux, sa barbe, d'au moins quinze jours, grisonnait. Il arrivait, regardant de tous les côtés; mais au fond de l'ombre, contre les madriers de l'ancien magasin à fourrage, il ne pouvait me voir, et il s'arrêta derrière le tas de vieilles, serrées en demi-cercle devant l'étal, attendant son tour.

Au bout d'un instant, il mit quelques sous dans la main de Frantz Sépel et reçut son morceau, qu'il cacha sous sa capote. Puis, regardant encore, il s'en alla vite, la tête basse et les basques croisées.

Cette vue me retourna le cœur; je me sauvai, levant les mains au ciel, et murmurant :

« Est-il possible? est-il possible?... Lui... Burguet aussi!... un homme de ce talent souffrir la faim et manger de ces carcasses!... Seigneur Dieu! quelle épreuve!... »

Je rentrai chez nous tout bouleversé.

Il ne nous restait plus beaucoup de provisions; malgré cela, le lendemain matin, comme Sâfel descendait ouvrir la boutique, je lui dis :

« Tiens, mon enfant, porte ce petit panier à M. Burguet; il y a des pommes de terre et du bœuf salé. Prends garde qu'on ne te voie, on te l'enlèverait. Tu diras que c'est en souvenir du pauvre déserteur. »

L'enfant partit. Il m'a dit que Burguet avait pleuré.

Voilà, Fritz, ce qu'il faut voir dans un blocus,

où l'on est surpris du jour au lendemain. Voilà ce que les Allemands et les Espagnols avaient souffert, et ce que nous souffrions à notre tour. Voilà la guerre !

Les vivres de siége eux-mêmes tiraient à leur fin ; mais le commandant de place Moulin étant mort du typhus, la grande disette n'empêchait pas le lieutenant-colonel qui le remplaçait, de donner des bals et des fêtes aux parlementaires, dans l'ancienne maison Thévenot. Les fenêtres s'éclairaient, la musique jouait, l'état-major buvait du punch et du vin chaud, pour faire croire que nous vivions dans l'abondance. On avait bien raison de bander les yeux à ces parlementaires jusqu'à la salle de bal, car s'ils avaient vu la mine des gens, tous les bols et les vins chauds du monde ne les auraient pas trompés.

Pendant ce temps, le fossoyeur Mouyot et ses deux garçons venaient prendre chaque matin leurs deux ou trois gouttes d'eau-de-vie. Ils pouvaient dire : « Nous buvons les morts ! » comme les vétérans disaient : « Nous buvons le Cosaque ! » Personne en ville n'avait voulu se charger d'enterrer les morts du typhus ; eux seuls, après avoir pris leur goutte, avaient osé jeter ceux de l'hôpital sur une charrette et les entasser dans la fosse ; et depuis ils avaient passé fossoyeurs, avec le père Zébédé.

L'ordre était de rouler les morts dans un drap. Mais qui passait l'inspection? Le vieux Mouyot m'a dit lui-même qu'on les enterrait avec la capote ou la veste, comme cela se trouvait, et quelquefois tout nus.

Pour chaque mort, ces gens avaient leur trente-cinq sous; le père Mouyot, l'aveugle, pourra te le dire : c'était son bon temps!

Vers la fin de mars, au milieu de cette disette affreuse, où l'on ne trouvait plus un chien dans les rues, et bien moins encore un chat, de mauvaises nouvelles couraient la ville : des bruits de batailles perdues, de marches sur Paris, etc.

A force de recevoir des parlementaires et de leur donner des bals, quelque chose de nos malheurs transpirait toujours, soit par les domestiques, soit par les servantes.

Moi, souvent, en errant par les rues qui longent les remparts, je montais sur un bastion, du côté de Strasbourg, de Metz ou de Paris. Je ne craignais plus alors les balles perdues! De là, je regardais les mille feux de bivouac répandus dans la plaine, les soldats ennemis revenant des villages avec leurs longues perches où pendaient des quartiers de viande, ou bien accroupis autour de ces petits feux qui brillaient comme des étincelles sur la lisière des bois, leurs patrouilles, et leurs batteries couvertes, où flottait un drapeau.

Quelquefois aussi je regardais la fumée des cheminées aux Quatre-Vents, au Bigelberg, à Mittelbronn. Chez nous, les cheminées ne fumaient plus, le temps des festins était passé.

Tu ne saurais croire combien de pensées vous viennent quand on est enfermé, comme on suit des yeux les grandes routes blanches, en se figurant marcher là-bas, causer avec les gens de choses nouvelles, leur demander ce qu'ils ont souffert, et leur raconter ce qu'on a supporté soi-même.

Du bastion de la manutention, ma vue s'étendait jusqu'aux cimes blanches du Schnéeberg : j'étais au milieu des forestiers, des schlitteurs, des bûcherons. Le bruit avait couru qu'ils défendaient leur route de Schirmeck ; j'aurais voulu savoir si c'était vrai.

Du côté des Maisons-Rouges, sur la route de Paris, je me figurais être chez mon vieil ami Leiser ; je le voyais au coin de son âtre, désolé de nourrir tant de monde, car les états-majors russes, autrichiens, bavarois, ne quittaient pas cette route, et de nouveaux régiments défilaient sans cesse.

Et le printemps venait ! La neige commençait à fondre dans les sillons et derrière les haies. Déjà les grandes forêts de la Bonne-Fontaine et des Baraques prenaient d'autres teintes.

La chose qui m'attendrit le plus, je m'en souviens, c'est, à la fin du mois de mars, d'entendre chanter la première alouette. Le ciel était tout pàle, et je regardais en l'air pour la voir. L'idée du petit David me revenait en même temps, et, sans savoir pourquoi, je pleurais.

Les hommes ont des idées étranges : un chant d'oiseau les attendrit, et quelquefois, après des années, les mêmes sons leur rappellent les mêmes idées, jusqu'à leur faire répandre des larmes.

Enfin, la maison étant purifiée, Zeffen et Sorlé y rentrèrent.

Le temps de la Pâque approchait; il fallait laver les planchers, gratter les murs, récurer la vaisselle. Les pauvres femmes, au milieu de ces soins, oublièrent un peu notre malheur. Mais plus le moment approchait, plus l'inquiétude était grande; comment accomplir, au milieu de la famine, le commandement de Dieu :

« Ce mois vous sera le premier de l'année. Qu'au dixième jour de ce mois, chaque famille prenne un agneau d'entre les brebis, ou bien un chevreau d'entre les chèvres. Qu'elle le tienne en garde jusqu'au quatorzième jour; qu'elle l'égorge et mange sa chair rôtie, avec du pain sans levain et des plantes amères. »

Où trouver l'agneau du sacrifice? Schmoûlé seul, le vieux *schamess*, y songeait depuis trois mois pour tout le monde; il nourrissait un chevreau mâle de l'année dans sa cave, et c'est ce chevreau qu'on égorgea.

Chaque famille juive en eut sa part, bien petite, mais la volonté de l'Éternel fut remplie.

Nous invitâmes en ce jour, selon la loi, un des plus pauvres d'entre nos frères, Kalmès. Nous partîmes ensemble pour la synagogue ; on récita les prières, et puis nous revînmes nous asseoir à la table du festin.

Tout était prêt, et dans l'ordre, malgré la grande misère : la nappe blanche, le gobelet de vinaigre, l'œuf dur, le raifort, le pain azime et la chair du chevreau. La lampe à sept becs brillait au-dessus ; seulement nous n'avions pas beaucoup de pain.

M'étant donc assis au milieu de la famille, Sâfel prit l'aiguière et me versa de l'eau sur les mains ; puis nous nous penchâmes tous, chacun prit du pain, en disant avec un grand serrement de cœur :

« Voici le pain de la misère, que nos pères ont mangé en Égypte. Quiconque a faim, vienne en manger avec nous ! Quiconque est pauvre, vienne faire la Pâque ! »

Nous nous rassîmes, et Sâfel me demanda :

« Pourquoi cette cérémonie, mon père ? »

Et je lui répondis :

« Nous avons été esclaves en Égypte, mon enſant, et l'Éternel nous en a tirés d'une main puissante et le bras tendu ! »

Ces paroles nous remplirent de courage ; nous espérions que Dieu nous délivrerait, comme il avait délivré nos pères, et que l'Empereur serait son bras droit ; mais nous nous trompions : l'Éternel ne voulait plus de cet homme !

XX

Le lendemain, entre six et sept heures, au petit jour, nous dormions tous quand un coup de canon fit trembler nos vitres. L'ennemi ne tirait d'ordinaire que la nuit. J'écoutai : un second coup de canon suivit le premier au bout de quelques secondes, puis un autre, ainsi de suite un à un.

Alors je me levai, j'ouvris une de nos fenêtres, et je regardai. Le soleil montait derrière l'arsenal. Pas une âme n'était dans la rue, mais à mesure que les coups se succédaient, des portes et des fenêtres s'ouvraient ; les gens encore en chemise se penchaient dehors, prêtant l'oreille.

Aucun obus ne sifflait dans l'air : l'ennemi tirait à poudre.

En écoutant bien, un grand murmure s'entendait au loin, autour de la ville. D'abord il s'éleva sur la côte de Mittelbronn, puis il gagna le Bigelberg, les Quatre-Vents, les Baraques d'en haut et d'en bas.

Sorlé venait aussi de se lever; je finis de m'habiller, et je lui dis :

« Quelque chose d'extraordinaire se passe... Dieu veuille que ce soit pour notre bien! »

Et je descendis tout inquiet.

Il ne s'était pas écoulé plus d'un quart d'heure depuis le premier coup de canon, et toute la ville était debout. Les uns couraient aux remparts, les autres se réunissaient, criant et se disputant aux coins des rues. L'étonnement, la crainte, la colère se peignaient sur toutes les figures.

Un grand nombre de soldats se mêlaient aux bourgeois, et tous ensemble montaient par bandes à droite et à gauche de la porte de France.

J'allais suivre une de ces troupes, quand Burguet descendit la rue. Il était encore défait comme le jour où je l'avais vu sous la halle.

« Eh bien! lui dis-je en courant à sa rencontre, voici des affaires graves!

— Très-graves, et qui n'annoncent rien de bon, Moïse, fit-il.

— Oui, c'est clair, lui répondis-je, les alliés ont remporté des victoires; ils sont peut-être à Paris. »

Alors, se retournant effrayé, il murmura :

« Prenez garde, Moïse, prenez garde; si l'on vous entendait dans un moment pareil, les vétérans vous déchireraient! »

J'étais tout saisi, voyant qu'il avait raison; lui,

ses joues tremblaient. — Il me prit ensuite par le bras et me dit :

« Je vous dois des remercîments pour les provisions que vous m'avez envoyées; elles sont arrivées bien à propos. »

Et comme je lui répondais que nous aurions toujours un morceau de pain à son service, tant qu'il en resterait, il me serra la main ; et nous remontâmes ensemble la rue du quartier d'infanterie jusqu'au bastion de la glacière, où l'on avait dressé deux batteries, pour dominer la côte de Mittelbronn.

On découvrait de là toute la route de Paris jusqu'au Petit-Saint-Jean, et même jusqu'à Lixheim; mais ces grands tas de terre, qu'on appelait des cavaliers, étaient couverts de monde : le baron Parmentier, son adjoint Pipelingre, le vieux curé Leth, et beaucoup d'autres notables se tenaient en cet endroit, au milieu de la foule, regardant en silence. Rien qu'à voir leurs figures, on comprenait qu'il se passait quelque chose de terrible.

Étant donc montés sur le talus, nous vîmes d'où venait l'attention de ce monde. Tous les ennemis, Autrichiens, Bavarois, Wurtembergeois, Russes, cavalerie et infanterie, mêlés ensemble, se répandaient autour de leurs retranchements comme des fourmilières, s'embrassant, se serrant la main, levant les shakos au bout des baïonnettes, agitant des branches d'arbres, qui commençaient à verdir.

Des cavaliers traversaient la plaine ventre à terre, le kolbac à la pointe du sabre, et poussaient des cris qui montaient jusqu'au ciel.

Le télégraphe jouait sur la côte de Saint-Jean, Burguet me dit en le montrant :

« Si nous comprenions ces signes, Moïse, nous saurions mieux ce qui nous attend d'ici quinze jours. »

Quelques personnes s'étant retournées pour nous entendre, nous redescendîmes dans la rue du Quartier, tout pensifs.

Les soldats, aux fenêtres de la caserne, tout en haut, regardaient aussi. Des quantités d'hommes et de femmes accouraient.

Nous traversâmes cette foule. Dans la rue des Capucins, toujours déserte, Burguet, qui marchait la tête penchée, s'écria :

« C'est donc fini !... Que de choses nous avons vues depuis vingt-cinq ans, Moïse ! Que de choses étonnantes et terribles !... Et c'est fini !... »

Il me tenait la main et me regardait comme étonné de ses propres paroles ; puis, se remettant à marcher :

« Cette campagne d'hiver m'épouvantait, dit-il ; cela traînait... traînait.. et le coup de tonnerre n'arrivait pas !... Mais demain, après-demain qu'allons-nous apprendre ? L'Empereur est-il mort? Que décidera-t-on de nous? La France sera-t elle encore la France? Que nous laissera-t-on? Que nous prendra-t-on? »

Et continuant de réfléchir de la sorte, nous arrivâmes devant notre maison. Alors, comme réveillé tout à coup, Burguet me dit :

« Moïse, de la prudence!... Si l'Empereur n'est pas mort, les vétérans tiendront jusqu'à la dernière seconde. Songez-y, ceux qui leur seraient suspects auraient tout à craindre. »

Je le remerciai de ce qu'il me disait, et je montai chez nous, me promettant bien de suivre son conseil.

Ma femme et mes enfants m'attendaient pour déjeuner, la petite corbeille de pommes de terre sur la table. Nous nous assîmes, et je leur racontai tout bas ce qu'on voyait du haut des remparts, en leur recommandant de se taire, car le danger n'était pas fini : la garnison pouvait se révolter, et vouloir se défendre malgré les chefs; et ceux qui se mêleraient de ces choses pour ou contre, même en paroles, courraient risque de se perdre, sans aucun profit pour personne.

Ils comprirent que j'avais raison, je n'eus pas besoin de leur en dire plus.

Nous avions la crainte de voir arriver notre sergent et d'être forcés de lui répondre, s'il nous demandait ce que nous pensions de ces choses;

mais il ne rentra que vers onze heures du soir, nous étions tous couchés depuis longtemps.

Le lendemain, la nouvelle de l'entrée des alliés à Paris était affichée aux portes de l'église et aux piliers de la halle. On n'a jamais su par qui! Dans ce temps, on parla de M. de la Vablerie et de trois ou quatre autres émigrés, capables d'avoir fait le coup, mais rien n'était certain.

La garde montante arracha les affiches, malheureusement des soldats et des bourgeois les avaient déjà lues.

C'était quelque chose de si nouveau, de tellement incroyable, après ces dix ans de guerre, — où l'Empereur était tout, où la nation restait en quelque sorte dans l'ombre, où pas un homme ne pouvait dire ni écrire un mot sans y avoir été autorisé, où l'on n'avait que le droit de payer et de donner ses enfants à la conscription, — c'était si grave de penser que l'Empereur pouvait être vaincu! qu'un père de famille lui-même, au milieu de sa femme et de ses enfants, retournait trois ou quatre fois la tête, avant d'oser en souffler un seul mot.

Tout se taisait donc encore, malgré les affiches. Les fonctionnaires restaient chez eux pour n'avoir pas à parler; le gouverneur et le conseil de défense ne bougeaient pas; mais les dernières recrues, en pensant qu'elles allaient revoir leur village, embrasser leurs parents, reprendre leur état ou travailler aux champs, et pouvoir se marier, ne cachaient pas leur joie, comme c'est tout naturel. Les vétérans, qui n'avaient pas d'autre métier, pas d'autres ressources pour vivre que la guerre, en étaient indignés! Ils ne croyaient rien; ils déclaraient que toutes les nouvelles étaient fausses, que l'Empereur n'avait jamais perdu de bataille, qu'il ne pouvait pas en perdre, et que les affiches et les coups de canon des alliés étaient une ruse de guerre, pour se faire ouvrir les portes.

Et c'est depuis ce jour, Fritz, que la désertion recommença, non plus un à un, mais par six, par dix, par vingt. Des postes tout entiers filaient sur la montagne avec armes et bagages. Les vétérans tiraient sur les déserteurs; ils en tuèrent quelques-uns, et reçurent l'ordre d'escorter les conscrits qui portaient la soupe aux avant-postes.

Pendant ce temps, les parlementaires ne faisaient qu'entrer et sortir à la file. Tous, officiers des états-majors russes, autrichiens, bavarois, restaient des heures entières au Gouvernement, ayant sans doute de grandes propositions à débattre.

Notre sergent ne faisait plus que passer le soir une minute dans notre chambre, pour se plaindre de la désertion, et nous en étions contents : Zeffen était encore malade, Sorlé ne pouvait pas la quitter; moi, j'étais forcé d'aider Sâfel jusqu'après la retraite.

La boutique était toujours pleine de vétérans; quand une bande sortait, aussitôt il en venait une autre.

Ces vieux, tout gris, avalaient l'eau-de-vie verre sur verre; ils se payaient des tournées et devenaient toujours plus sombres. Ils frissonnaient et ne parlaient que de trahison, en vous lançant des coups d'œil de travers.

Quelquefois ils souriaient, disant :

« Gare! s'il faut faire sauter la forteresse, elle sautera ! »

Sâfel et moi, nous avions l'air de ne pas comprendre; mais tu peux te figurer nos transes : après avoir tant souffert, risquer encore de sauter avec ces vétérans!

Le soir, notre sergent répétait mot pour mot ce qu'avaient dit les autres : — Tout n'était que mensonge et trahison... L'Empereur devait finir par balayer cette canaille!

« Attendez... attendez! — criait-il en fumant sa pipe, les dents serrées, — la débâcle va venir... Le coup de tonnerre est proche!... Et cette fois, pas de pitié, pas de miséricorde!... Il faut que tous les gueux y passent... tous les traîtres!... Il faut que le pays soit nettoyé pour cent ans!... Laissez faire, père Moïse, nous rirons!... »

Tu penses bien que nous n'avions pas envie de rire.

Mais le jour où j'eus le plus d'inquiétude, c'est le 8 avril au matin, lorsque parut le décret du Sénat qui destituait l'Empereur.

Notre boutique était pleine d'artilleurs de marine et de sous-officiers du dépôt. Nous venions de les servir, quand le secrétaire du trésorier, un gros court, les joues rondes et jaunes, le bonnet de police sur l'oreille, entra, se fit verser un petit verre; puis sortit le décret de sa poche et se mit à le lire tranquillement aux autres, en leur disant :

« Écoutez! »

Je crois encore l'entendre :

« Considérant que Napoléon Bonaparte a dé-
« chiré le pacte qui l'unissait au peuple français,
« en levant des impôts autrement qu'en vertu de
« la loi, en ajournant sans nécessité le Corps légis-
« latif, en rendant illégalement plusieurs décrets
« portant peine de mort, en anéantissant la res-
« ponsabilité des ministres, l'indépendance judi-
« ciaire, la liberté de la presse, etc.; — Considé-
« rant que Napoléon a mis le comble aux malheurs
« de la patrie, par l'abus qu'il a fait de tous les
« moyens qu'on lui a confiés en hommes et en
« argent pour la guerre, et en refusant de traiter à
« des conditions que l'intérêt national exigeait
« d'accepter; — Considérant que le vœu mani-

« feste de tous les Français appelle un ordre de « choses, dont le premier résultat soit le rétablis- « sement de la paix générale, et qui soit aussi « l'époque d'une réconciliation solennelle entre « tous les États de la grande famille européenne, « le Sénat décrète : — Napoléon Bonaparte est « déchu du trône ; le droit d'hérédité est aboli « dans sa famille ; le peuple et l'armée sont déliés « envers lui du serment de fidélité. »

Il commençait à peine de lire que je pensai :

« Si cela continue, ils vont démolir ma boutique de fond en comble. »

Je me dépêchai même, dans mon épouvante, de faire sortir Sâfel par la porte de derrière. Mais tout se passa bien autrement que je ne croyais. Ces vétérans méprisaient le Sénat ; ils levèrent les épaules, et celui qui venait de lire le décret se moucha dedans, et le jeta sous le comptoir en disant :

« Le Sénat ! Qu'est-ce que le Sénat ? Un tas d'écornifleurs, un tas de pique-assiettes que l'Empereur a racolés à droite et à gauche, pour lui dire toujours : — Dieu vous bénisse !

— Oui, major, dit un autre ; mais c'est égal, on devrait tout de même les jeter dehors, à grands coups de pieds dans le dos.

— Bah ! ça n'en vaut pas la peine, répondit le sergent-major ; d'ici à quinze jours, quand l'Empereur sera redevenu le maître, ils viendront encore lui lécher les bottes. Il faut ça pour la dynastie, des gens qui vous lèchent les bottes, — ça produit un bon effet! — surtout d'anciens nobles qu'on paye trente ou quarante mille francs par an. Ils reviendront, soyez tranquilles, et l'Empereur leur pardonnera, d'autant plus qu'il n'en trouverait pas d'autres aussi nobles pour les remplacer. »

Et comme ils sortirent tous après avoir vidé leur petit verre, je bénis le ciel de leur avoir donné tant de confiance dans l'Empereur.

Cette confiance dura jusque vers le 11 ou le 12 avril, où des officiers, envoyés par le général commandant la 4e division militaire, arrivèrent dire que la garnison de Metz reconnaissait le sénat et suivait ses ordres.

Ce fut un coup épouvantable pour nos vétérans. Nous vîmes le soir même, à la figure de notre sergent, que c'était pour lui le coup de la mort. Il avait vieilli de dix ans, et rien que son regard aurait pu vous arracher des larmes. Jusqu'alors il n'avait cessé de nous dire :

« Tous ces décrets, toutes ces affiches sont des trahisons! L'Empereur est toujours là-bas avec son armée, et nous sommes ici pour le soutenir. Ne craignez rien, père Moïse. »

Mais depuis l'arrivée des officiers de Metz, sa confiance était perdue. Il entrait dans notre chambre sans rien dire et se tenait debout, tout pâle, à nous regarder.

Je pensais :

« Cet homme nous aime pourtant!... Il nous a fait du bien. Il nous aurait donné sa viande pour tout le temps du blocus ; il aimait notre petit David... il le caressait sur ses genoux. Il aime aussi Esdras. C'est un brave homme, un honnête homme, et le voilà très-malheureux ! »

J'aurais voulu le consoler, lui dire qu'il avait des amis, que nous l'aimions tous, que nous ferions des sacrifices pour l'aider, s'il était forcé de changer d'état... Oui, c'était ce que je pensais ; mais, en le regardant, sa tristesse me paraissait si terrible, que je ne trouvais plus un mot.

Il faisait donc deux ou trois tours et s'arrêtait de nouveau, puis tout à coup il sortait. Sa douleur était trop grande, il ne pouvait pas même se plaindre.

Enfin, le 16 avril, un armistice fut conclu pour enterrer les morts. On baissa le pont de la porte d'Allemagne, et quantité de gens sortirent jusqu'au soir, pour donner quelques coups de pioche au jardin et tâcher de rapporter un peu de verdure. Mais, Zeffen étant toujours malade, nous restâmes chez nous.

Le soir, deux nouveaux officiers de Metz, envoyés en parlementaires, entrèrent à la nuit, comme on relevait les ponts. Ils traversèrent la rue au galop, et se rendirent au Gouvernement.— Je les ai vus passer.

L'arrivée de ces officiers avait excité partout l'espérance et la crainte; on s'attendait à de grandes mesures, et toute la nuit nous entendîmes le sergent aller et venir dans sa chambre, se lever, marcher et se recoucher, en murmurant des paroles confuses.

Le malheureux sentait venir un coup affreux, il n'avait plus une minute de repos. Je l'écoutais en le plaignant, et ses soupirs m'empêchaient de dormir.

Le lendemain, à dix heures, on bat le rappel. Le gouverneur et les membres du conseil de défense, en grande tenue, vont au quartier d'infanterie.

Tous les gens de la ville étaient aux fenêtres.

Notre sergent descend, et quelques instants après, je le suis. La rue fourmillait de monde. Je me glisse à travers cette foule; chacun tenait à sa place et voulait avancer.

Comme j'arrivais devant la caserne, les compagnies venaient de former le cercle; les fourriers, au milieu, lisaient à haute voix l'ordre du jour de l'armée : — c'était l'abdication de l'Empereur, le licenciement des recrues de 1813 et de 1814, la reconnaissance de Louis XVIII, l'ordre d'arborer le drapeau blanc et de changer de cocarde!

Pas un murmure ne s'élevait dans les rangs; tout était calme, terrible, épouvantable. Ces vieux soldats, les dents serrées, la moustache frissonnante, les sourcils baissés d'un air farouche, présentant les armes sans rien dire; la voix des fourriers, qui s'arrêtaient de temps en temps comme suffoqués; l'état-major de la place, plus loin, sous la voûte du quartier, morne, le regard abattu; l'attention de tout ce monde, hommes, femmes, enfants, penchés d'un bout de la rue à l'autre sur la pointe des pieds, la bouche entr'ouverte, l'oreille tendue; tout cela, Fritz, vous faisait frémir.

J'étais sur l'escalier du tonnelier Schweyer; je voyais tout et j'entendais chaque parole.

Tant qu'on lut l'ordre du jour, rien ne bougea; mais au commandement : — Rompez les rangs ! — un cri terrible partit à la fois de tous les côtés : le tumulte, la confusion, la fureur éclatèrent ensemble. On ne s'entendait plus. Les conscrits, par files, couraient aux portes de la caserne; les vieux restaient un instant comme enracinés à leur place; ensuite la rage les prenait : l'un s'arrachait les épaulettes, l'autre cassait son fusil à deux mains sur le pavé, quelques officiers pliaient leur sabre ou leur épée, qui volaient en éclats.

Le gouverneur essaya de parler ; il voulut faire reformer les rangs, mais on ne l'écoutait plus : les nouvelles recrues montaient déjà dans toutes les chambres de la caserne, faire leur paquet pour se mettre en route ; les vieux s'en allaient à droite ou à gauche, comme ivres ou fous.

J'ai vu quelques-uns de ces vieux soldats s'arrêter dans un coin, la tête contre le mur, et pleurer à chaudes larmes.

Tout se dispersait, et de longs cris s'entendaient de la caserne à la place, des cris sans fin, montant et descendant comme un soupir.

Quelques cris sourds et désespérés de *Vive l'Empereur!* retentissaient encore ; pas un seul cri de *Vive le Roi !*

Moi, je courus annoncer ces choses à la maison ; j'étais à peine en haut que le sergent montait aussi, le fusil sur l'épaule. Nous aurions voulu nous réjouir de la fin du blocus ; mais, en voyant le sergent debout sur notre porte, un froid nous entra dans les os, et nous restâmes tout attentifs.

« Eh bien, dit-il en posant la crosse à terre, c'est fini !... »

Et durant un instant il ne dit rien de plus.

Puis il bégaya :

« Voilà la plus grande gueuserie du monde... Les recrues sont licenciées... Elles partent... La France reste pieds et poings liés entre les griffes des kaiserlicks... Ah! canailles!... canailles!...

— Oui, sergent, lui répondis-je attendri, mais il faut prendre le dessus... Maintenant nous allons avoir la paix, sergent... Il vous reste une sœur dans le Jura, vous irez près d'elle...

— Oh! s'écria-t-il en levant la main, ma pauvre sœur!... »

Ce fut comme un sanglot; mais il se raffermit vite, et posa son fusil au coin de la porte.

Il s'assit une minute avec nous près de la table, et prit le petit Sâfel, en l'attirant par la tête et l'embrassant sur les joues. Ensuite il voulut aussi tenir Esdras. Nous le regardions en silence.

Il disait :

« Je vais vous quitter, père Moïse, je vais faire mon sac... Mille tonnerres, j'ai de la peine à vous quitter!

— Et nous aussi, sergent, nous avons de la peine, répondit Sorlé bien triste; mais si vous vouliez vivre avec nous...

— C'est impossible!

— Alors vous restez au service?...

— Au service de qui... de quoi? fit-il; de Louis XVIII? non, non! Je ne connais que mon général... Mais ça me fait de la peine de partir... Enfin... quand on a rempli son devoir... »

Et il se leva tout à coup, en criant d'une voix déchirante :

« *Vive l'Empereur!* »

Nous frémissions; nous ne savions ce qui nous faisait trembler.

Lui me tendait les bras, et je me levai; nous nous embrassâmes comme des frères.

« Adieu, père Moïse, disait-il, adieu pour longtemps!

— Vous partez donc tout de suite?

— Oui!...

— Vous savez, sergent, que vous aurez toujours des amis chez nous... Vous viendrez nous voir... Si vous aviez besoin...

— Oui... oui... je le sais... vous êtes de vrais amis... de braves gens! »

Il me serrait avec force.

Ensuite il alla prendre son fusil; et nous le suivions tous en lui souhaitant du bonheur, lorsqu'il se retourna les larmes aux yeux, et embrassa ma femme en disant :

« Il faut aussi que je vous embrasse. Il n'y a pas de mal, n'est-ce pas, madame Sorlé?

— Ah! non, dit-elle, vous êtes de la famille, et j'embrasserai Zeffen pour vous! »

Aussitôt il sortit en criant d'une voix enrouée :

— Adieu!... Vivez bien!... »

Je le regardai du bout de la petite allée, entrer dans sa chambre en passant.

Vingt-cinq ans de service, huit blessures, et

pas de pain dans ses vieux jours ! — Cette pensée me saignait le cœur.

Environ un quart d'heure après, le sergent descendit avec son fusil, et rencontrant Sâfel sur l'escalier, il lui dit :

« Tiens, voilà pour ton père ! »

C'était le portrait de la femme et des enfants du landwehr de la Tuilerie. Sâfel vint aussitôt me l'apporter. Je pris ce cadeau du pauvre diable, et je le regardai longtemps avec une grande tristesse ; puis je l'enfermai dans notre armoire avec la lettre.

Il était midi ; et comme les portes allaient s'ouvrir, comme les provisions allaient arriver en abondance, nous nous assîmes devant un gros morceau de bœuf cuit avec un plat de pommes de terre, et nous débouchâmes une bonne bouteille de vin.

Nous étions en train de manger, lorsque des cris s'entendirent dans la rue. Sâfel se leva pour regarder.

« Un soldat blessé qu'on porte à l'hôpital, » dit-il.

Puis il cria :

« C'est notre sergent ! »

Une horrible idée me traversa l'esprit. Sorlé voulait se lever, je lui dis : « Reste ! » et je descendis seul.

Le brancard passait sur les épaules de quatre canonniers de marine ; des enfants couraient derrière.

Au premier coup d'œil je reconnus le sergent, la figure toute blanche et la poitrine pleine de sang. Il ne bougeait plus. Le malheureux était allé de chez nous, sur le bastion derrière l'arsenal, pour se tirer un coup de fusil au cœur.

Alors je remontai tellement abattu, tellement triste et désolé, que j'avais de la peine à me tenir debout.

Sorlé m'attendait toute défaite.

« Notre pauvre sergent s'est tué, lui dis-je, que Dieu lui pardonne!... »

Et m'étant assis à ma place, je ne pus m'empêcher de fondre en larmes !

XXI

On a bien raison de dire que tous les malheurs se suivent; l'un entraîne l'autre. Mais la mort de notre bon sergent fut pourtant le dernier.

Ce même jour, les ennemis retirèrent leurs avant-postes à six cents toises de la ville, le drapeau blanc fut arboré sur l'église, et l'on ouvrit les portes.

Maintenant, Fritz, tu connais notre blocus. Dois-je te raconter encore l'arrivée de Baruch, les cris de Zeffen et nos gémissements à tous, lorsqu'il fallut dire à cet excellent homme :

« Notre petit David est mort... tu ne le reverras plus ! »

Non... c'est assez!... Quand on songe à toutes les misères de la guerre, à toutes celles qui les suivent durant des années, on ne finirait jamais!...

J'aime mieux te parler de mes fils Itzig et Frômel, et de mon Sâfel, qui est allé les rejoindre en Amérique.

Si je te racontais tous les biens qu'ils ont acquis dans ce grand pays des hommes libres, les terres qu'ils ont achetées, l'argent qu'ils ont mis de côté, le nombre de petits-enfants qu'ils m'ont donnés, toutes les satisfactions dont ils nous ont comblés, Sorlé et moi, tu serais dans l'étonnement et l'admiration.

Jamais ils ne m'ont laissé manquer de rien. Le plus grand plaisir que je puisse leur faire, c'est de souhaiter quelque chose : chacun d'eux veut me l'envoyer! Ils n'oublient pas que je les ai sauvés de la guerre, par ma grande prudence.

Je les aime tous également, Fritz, et je leur dis, comme Jacob :

« Que le Dieu d'Abraham et d'Isaac, nos pères,
« le Dieu qui me nourrit depuis que je suis au
« monde, bénisse ces enfants; qu'ils multiplient
« très-abondamment sur la terre, et que leur pos-
« térité soit une multitude de nations! »

FIN DU BLOCUS

LE CAPITAINE ROCHART

RÉCIT MILITAIRE

C'est au temps où les Prussiens entraient en Champagne, le 20 septembre 1792, me dit le capitaine Rochart, que je partis de Saint-Quirin avec le vieux Pierron, ségare au Blanc-Ru, et cent cinquante autres garçons de notre pays. Pierron avait été, quinze ou vingt ans avant, sergent au régiment de Royal-Normandie; il marchait à notre tête sur une vieille bique, et criait!

« A bas le despotisme!... vaincre ou mourir!... »

Nous lui répondions en chantant :

« Vive le son du canon!... »

Au haut de la côte de Hesse, avant de descendre à Sarrebourg, notre troupe fit halte et nomma Pierron commandant. Nous n'étions encore que cent cinquante; mais le tocsin sonnait partout, et de village en village d'autres patriotes, des garçons et des pères de famille, venaient nous rejoindre. A chaque endroit on changeait les fourches et les bâtons contre des fusils; les femmes elles-mêmes nous en apportaient; de sorte que le sixième jour, à Bar-le-Duc, derrière Nancy, nous étions déjà plus de mille, et presque tous bien armés.

C'est à Bar-le-Duc qu'on nous appela le 1er bataillon des chasseurs Francs-Montagnards. Nous reçûmes aussi des chapeaux à cornes, des souliers, des gilets et des guêtres. Les environs fourmillaient de volontaires; il en arrivait de tous les côtés, en blouse, en veste, en carmagnole, en sabots, avec des pioches, des fourches, des bâtons. Les uns s'appelaient bataillon des Amis de la patrie, bataillon des Amis de la liberté, bataillon des Phocéens, de Popincourt, de l'Union, des Vengeurs, etc. — On aurait cru que la liberté ne pouvait jamais périr.

Les trois quarts de ces gens ne savaient pas encore emboîter le pas; et malgré la pluie qui leur collait les habits sur le dos, malgré la boue qui les couvrait jusque par-dessus la tête, ils ne finissaient pas de crier :

« En route !... A l'ennemi !... »

Des lignes de Prussiens défilaient en ville; la bataille de Valmy venait d'être gagnée.

A mesure qu'on arrivait de l'intérieur, des officiers vous passaient en revue et vous inscrivaient comme volontaires. Tous ceux que les nouveaux bataillons avaient nommés commandants restaient commandants, les capitaines restaient capitaines; ceux qui n'étaient rien se contentaient d'être volontaires et de marcher pour la patrie.

Cet enthousiasme ne reviendra plus! On ne verra plus des vieillards, des pères de famille, des hommes de toutes les provinces se choisir des chefs de vingt ans, parce qu'ils les croyaient plus capables qu'eux; aujourd'hui chacun se choisirait lui-même, ou bien il choisirait ceux qui pourraient le faire avancer.

Enfin voilà comment je fus engagé dans le 1er bataillon des chasseurs Francs-Montagnards, qu'on dirigea tout de suite sur l'armée du Rhin, et qui prit part à la bataille de Lendsbourg en 1792, sous Custine; au déblocus de Landau, sous Hoche, en 93; au blocus de Mayence, en 1794; au passage du Rhin, à la reprise de Dusseldorf, en 1795; aux combats de Renchen et de Rastadt, à la bataille de Néresheim, et finalement à la retraite de Moreau en 1796, après la défaite de Jourdan par l'archiduc Charles.

Le bataillon soutenait la retraite jusqu'au combat de Biberach ; il était à l'arrière-garde.

On pense bien que nous avions appris la manœuvre, depuis quatre ans. Le 1er bataillon de chasseurs-francs avait été refondu plusieurs fois. J'étais alors sergent-major; je fus nommé sous-lieutenant, en repassant le Rhin, à Huningue, le 26 octobre de cette année.

Notre pauvre vieux commandant avait été tué dans le dernier combat; c'est Jean Roche, ancien charpentier à Voyer, qui le remplaça.

A mesure que les troupes rentraient, elles prenaient garnison en Alsace; une partie seulement resta sur la rive droite, pour défendre le fort de Kehl. Le bataillon fut envoyé d'abord à Schlestadt, ensuite à Neuf-Brisach.

Nous avions presque toujours été en campagne. Nous connaissions déjà les fournisseurs et les voleurs qui frappaient des réquisitions en vins, en grains, en fourrages, sur les ennemis, soi-disant pour les armées, et qui mettaient presque tout dans leurs poches; mais nous ne connaissions pas les troubles de l'intérieur : nous ne savions pas que plus de soixante mille émigrés et prêtres réfractaires étaient rentrés en France, qu'ils couraient le pays pour exciter les vengeances, qu'ils assassinaient les acquéreurs de biens nationaux dans l'Ouest et dans le Midi, qu'ils rachetaient les châteaux pour rien, en répandant la terreur, qu'ils arrêtaient les diligences sur les grandes routes, que les prêtres rétablissaient leurs diocèses, qu'ils prêchaient ouvertement la révolte, et que ces aristocrates s'appelaient les Jacobins blancs!

La fureur fut dans l'armée. On voulait marcher sur Paris pour rétablir l'ordre; mais le général Moreau ne bougeait pas : il connaissait déjà la trahison de Pichegru, son ancien chef, et se tenait tranquille. Hoche préparait sa descente en Angleterre. Un seul général, — Bonaparte, — parlait; il écrivait de l'Italie :

« Tremblez, traîtres, de l'Adige à la Seine il n'y a qu'un pas, et le prix de vos iniquités est au bout de nos baïonnettes. »

Ce général nouveau, pendant notre dernière campagne et notre retraite, était entré en Italie, en remportant victoire sur victoire, à Montenotte, à Millesimo, à Dego, à Mondovi; il avait passé le pont de Lodi et battu deux armées d'Autrichiens et de Piémontais. — Personne d'entre nous ne le connaissait; on disait seulement que c'était un ancien ami de Robespierre; mais il faisait des proclamations en appelant ses soldats les premiers soldats du monde, et cela nous mettait de mauvaise humeur.

Nous avions repoussé deux invasions, nous

avions conquis la Belgique et la Hollande, nous avions pacifié la Vendée, nous étions restés maîtres de la rive gauche du Rhin, depuis la mer jusqu'à Bâle, c'était pourtant aussi quelque chose.

Mais les victoires de Bonaparte continuaient; il recommençait ses grands coups à Castiglione, à Lonato, à Bassano. — Dans ce temps, chacun tenait pour son général; nous regardions Hoche, Jourdan, Kléber, Moreau comme les premiers généraux de la République, et nous pensions qu'à force de se hasarder, Bonaparte finirait par une grande débâcle.

Plusieurs de nos anciens, le capitaine Benoît, le chef de brigade Cohin et nous tous, en voyant aux bulletins de l'armée d'Italie, tous ces milliers d'ennemis restés sur le champ de bataille, nous pensions qu'il en mettait quatre fois plus que son compte. Et quand nous lisions ces proclamations, où les femmes et les filles devaient accourir à la rencontre des vainqueurs d'Italie, qui n'auraient qu'à dire : « J'étais de l'armée conquérante d'Italie! » pour avoir leur admiration, nous étions indignés.

Le chef de brigade Cohin s'écriait souvent :

« Je voudrais bien voir Moreau manœuvrer avec trente mille d'entre nous, contre trente mille des autres, commandés par Bonaparte! »

Il riait et clignait de l'œil.

Malgré cela, quand Bonaparte entra dans le Tyrol, en repoussant l'archiduc Charles, et que nous reçûmes l'ordre de repasser le Rhin pour voler à son secours, toute l'armée était contente. Mais nous avions à peine culbuté les Autrichiens à Diersheim, et Hoche venait à peine de les battre à Heddersdorf, sur notre gauche, que Bonaparte signa les préliminaires de Léoben. Nous n'avions plus qu'à marcher sur Vienne, il le voyait bien, et voulait avoir toute la gloire pour lui seul.

Tout le monde répétait que nous étions sacrifiés, qu'il ne fallait pas accepter les préliminaires, que c'était contre l'honneur de l'armée du Rhin; mais la nation célébrait la paix avec enthousiasme : il fallut rentrer en France.

La fureur de nos soldats contre ceux d'Italie était si grande que, dans toutes les garnisons où par malheur ils se trouvaient ensemble, on avait des dix et douze duels par jour. En 1799, à Metz, ils commençaient même à se fusiller d'une caserne à l'autre, quand on se dépêcha d'évacuer ceux du Rhin sur la Suisse, et ceux qui restaient d'Italie sur la Hollande.

J'ai toujours pensé depuis, que nous n'étions déjà plus les volontaires de la République, mais les soldats de nos généraux. La guerre, au bout de six ans, commençait à devenir un métier; on ne pensait plus : « Je me bats pour les Droits de l'Homme! » mais je me bats pour la victoire. Et plus tard on s'est battu pour le plaisir de se battre!

La guerre avait enrichi les généraux d'Italie; les premiers qu'on vit revenir de là-bas avaient de l'or jusque sur les bottes. Les nôtres, avec leurs gros habits bleus, leurs vieux chapeaux usés par la pluie, regardaient ces mirliflores en serrant les lèvres sans rien dire, ils les méprisaient; mais cela ne dura pas longtemps : l'amour des titres et des dotations prit bientôt le dessus.

La trahison de Pichegru, l'expédition d'Égypte, la mort de Hoche, les fautes de Schérer, en Italie, la défaite de Stockach, l'évacuation des Grisons, et par-dessus tout la lâcheté du Directoire exécutif, élevèrent Bonaparte bien plus que ses victoires sur les Mameluks. On criait :

« Sans lui tout est perdu! »

Nous n'avions pourtant pas eu besoin de lui pour sauver deux fois la République, et nous venions même encore de la sauver, en écrasant les Autrichiens et les Russes à Zurich; mais il arriva dans un moment où les royalistes relevaient la tête, où toute la nation était lasse du Directoire, où les fournisseurs et tous les gueux, après avoir fait leur magot, redemandaient de l'ordre, de la religion, comme on disait, pour mettre leurs rapines à l'abri.

Tout le long de la route on sonnait les cloches sur le passage de ce général qui venait d'abandonner son armée, on allumait des feux de joie : c'était un bon exemple pour les autres!

La 37ᵉ était alors en garnison à Lyon, où je le vis passer; il était noir comme un corbeau, petit et maigre; il avait de longs cheveux bruns qui lui tombaient jusqu'aux sourcils, les yeux enfoncés, les joues longues, le nez fin, le menton avancé. Une grosse cravate lui serrait le cou; son habit était à revers, la culotte collante et le gilet blanc. Les présidents, les juges, le maire lui faisaient des compliments; il écoutait d'un air pensif et répondait quatre mots.

Si le Directoire avait eu du cœur, il l'aurait fait arrêter et juger. Nous n'aurions eu ni Marengo, ni Austerlitz, ni Iéna, ni Wagram; mais nous n'aurions pas eu non plus les désastres d'Espagne, la retraite de Russie, Leipzig et Waterloo... sans parler du démembrement de notre territoire, et de la honte ineffaçable des deux invasions!

A Paris, tout le monde vint se jeter à sa tête. Au bout de quelques jours, après avoir bien regardé, bien écouté, et bien choisi ceux qui voulaient un maître, pour partager le gâteau, il fit son coup du 18 brumaire, en criant :

« Dans quel état j'ai laissé la France, et dans

quel état je la retrouve! Je vous avais laissé la paix, et je retrouve la guerre! Je vous avais laissé des conquêtes, et l'ennemi presse votre frontière! J'ai laissé les millions d'Italie, et je retrouve partout des lois spoliatrices et la misère!... Où sont-ils, les cent mille braves que j'ai laissés couverts de lauriers? Ils sont morts! »

On aurait dit qu'il était tout, qu'il avait tout fait, et que les milliers d'hommes tombés pour la patrie avant lui ne comptaient plus. Enfin, il mit la République dans le sac, et confisqua du même coup toutes nos libertés. S'il avait dû les conquérir comme nous sur les aristocrates, sur les Prussiens, les Autrichiens, les Anglais, les Espagnols et les Russes, ça n'aurait pas été si facile.

Quelque temps après, la machine infernale éclata; les derniers patriotes partirent pour Cayenne, sans jugement. Moreau, qui n'avait pas eu le cœur de lui résister, vint nous commander encore une fois. Bonaparte le connaissait alors, il savait que c'était une machine à gagner des batailles, et rien de plus.

Pendant que le Premier Consul passait le Saint-Bernard et remportait la victoire de Marengo, nous culbutions les Autrichiens à Engen, à Stokach, à Mœskirch, à Biberac, à Memmingen; nous passions le Danube, nous remportions les victoires de Hochstedt, de Néresheim, de Landshut, de Feldkirch, de Nuremberg, et la bataille décisive de Hohenlinden. — C'était trop!

A la rentrée, quand ceux d'Italie criaient : « *Vainqueurs de Marengo!* » nous répondions : « *Vainqueurs de Hohenlinden!* » et les duels recommençaient.

On envoya vingt-deux mille hommes de l'armée du Rhin à Saint-Domingue; la police découvrit en même temps que Moreau conspirait avec Georges Cadoudal et Pichegru; Bonaparte lui ordonna d'aller vivre en Amérique, et dans le même temps il se faisait nommer Empereur.

Maintenant, si tu me demandes comment tant de paysans, d'ouvriers, de bourgeois, partis en masse pour défendre la liberté, — des gens qui tous auraient versé la dernière goutte de leur sang pour la République, — ont fini par accepter l'Empire, par livrer des batailles d'extermination contre ceux qui ne nous demandaient que la paix, par ne plus songer qu'aux honneurs, aux dignités, aux richesses, par vouloir mettre sous la domination d'un soldat la moitié du genre humain, par oublier tellement les Droits de l'Homme, qu'en arrivant sur les bords de la Baltique, après Iéna, toute la division Oudinot cria, le sabre en l'air : « *Vive l'Empereur d'Occident!* » Si tu me demandes comment ces choses ont pu se passer, je te répondrai que tout cela vient de l'amour extraordinaire des Français pour la gloire!

Bonaparte avait renversé la République, — sans laquelle il ne serait jamais devenu qu'un simple capitaine d'artillerie; — il avait rétabli la noblesse, le clergé, les majorats; il avait déporté sans jugement les meilleurs patriotes; enfin il détruisait la Révolution par morceaux! Mais comme il gagnait toujours, comme les cloches des églises ne finissaient pas de sonner et les canons des places fortes de tonner pour nos victoires, la nation trouvait tout très-bien.

Nous-mêmes, les vieux de l'armée du Rhin, en voyant le chemin que nous avions fait contre nos propres idées, nous restions confondus. Il fallait se tâter, pour savoir qu'on était les mêmes hommes.

Oui, en 1806, 1807, sur l'Elbe, sur la Vistule ou le Danube, quand nous lisions dans le *Moniteur* : « S. Exc. le duc d'Otrante, Sa Grandeur le prince de Bénévent ou de Ponte-Corvo... — Nos peuples... — Nos bonnes villes..., etc.! » et que nous pensions : « Cette Excellence, c'est le Jacobin Fouché; cette Grandeur, c'est Talleyrand; cette dignité, c'est Bernadotte; celui qui dit : « Nous, par la grâce de Dieu! » c'est le même qui, dans le temps, écrivait d'Italie : « Tremblez, « traîtres, le prix de vos iniquités est au bout de nos

« baïonnettes!... » on se regardait en silence; les milliers d'hommes tombés pour la liberté, sur la Meuse, sur la Sarre, le Rhin, le Danube, en Belgique, en Hollande, aux Pyrénées, dans les Alpes; Hoche, Kléber, Marceau, Joubert, Moreau, Lecourbe, les uns morts, les autres en exil, les autres à la demi-solde, vous repassaient devant les yeux, et cela vous donnait froid.

Ensuite l'un ou l'autre criait :

« Bah! c'était écrit. »

Ou bien un finaud disait :

« Il n'y a que les imbéciles qui ne changent pas. »

Et puis on se taisait! — Il pleuvait, il neigeait; il fallait visiter les postes; on n'avait qu'une heure pour s'étendre dans son manteau au feu du bivouac, et repartir au petit jour. On ne pensait plus à rien! Que veux-tu? L'Empereur s'était chargé de penser pour tout le monde; de cette manière, rien ne le gênait, ni nous non plus.

Tant que les choses allèrent bien, tant qu'on remporta des victoires, père, mère, femme, enfants, tout fut oublié! Lui, par exemple, n'oubliait pas les siens; c'était un bon frère, un bon oncle. Nous autres, à peine de loin en loin criions-nous : « Il faudra pourtant que j'écrive au village! »

La vue de l'Empereur, avec son dos rond, son petit chapeau, sa redingote grise, assis dans sa haute selle et galopant sur un front de bataille, remplaçait la famille. On ouvrait la bouche jusqu'aux oreilles, pour crier : « *Vive l'Empereur! Vive l'Empereur!* » Il n'y faisait plus même attention, cela lui semblait tout naturel.

La pluie, la boue, la neige, les blessures, les camarades qui tombaient à vos côtés comme des mouches, rien ne pouvait refroidir notre enthousiasme ; et cela montre une fois de plus l'attachement du soldat pour les généraux heureux. Qu'il en arrive un autre aussi grand, ce sera malheureusement la même chose.

Le soulèvement de l'Espagne, les victoires de Wellington n'avaient pu nous abattre, ni même la terrible retraite de Russie! En Espagne, l'Empereur n'y était pas; en Russie, l'hiver avait combattu contre nous!...

Après Kulm seulement, après Gross-Béeren, la Katzbach, Dennewitz et surtout Leipzig, — où je me rappelle avoir entendu de vieux officiers crier en tombant : « *Vive la France!* » au lieu de : « *Vive l'Empereur!* » après ces terribles défaites, quand il fallut battre en retraite avec les Cosaques, les Prussiens, les Autrichiens, les Suédois, les Saxons sur le dos, se faire jour à travers quarante mille Bavarois; quand les paysans, armés comme nous en 92 pour l'indépendance de leur pays, nous suivaient à la piste et nous exterminaient sans pitié, alors seulement la mémoire nous revint!

Pour mon compte, je me rappellerai toujours ce qui m'arriva le 2 novembre 1813 devant Mayence. J'étais de garde à la tête du pont du Rhin, avec les débris de ma compagnie; je surveillais le défilé, déjà commencé depuis la veille. Il pleuvait; les charrettes de blessés, les canons, les fourgons, les détachements de cavalerie et d'infanterie s'engouffraient sur le pont par masses.

C'était une rude corvée de mettre un peu d'ordre au milieu de la débâcle, d'autant plus que l'ennemi nous serrait de près, et que sa canonnade se rapprochait d'heure en heure du côté de Salmünster.

J'avais vu bien d'autres désastres depuis vingt et un ans, mais jamais aussi près du sol sacré! La possibilité d'une invasion me frappait pour la première fois. La faim et la fatigue commençaient à me donner aussi ce tremblement que les vieux soldats connaissent, et que tout le courage du monde ne peut dominer.

J'étais donc là depuis trois heures à repousser

les uns, à faire avancer les autres; la nuit venait quand, au milieu du tumulte, j'entends crier :

« Rochart!... Hé! Rochart! »

Je me retourne, et qu'est-ce que je vois à trente ou quarante pas de moi, au milieu de la foule? Un officier supérieur, à cheval sur une grande bique décharnée, le manteau serré sur les épaulettes, et la main sur son chapeau à cornes, d'où la pluie coulait comme d'une gouttière.

C'était Bonnet, le fils du tisserand de la Frimbole. Nous étions partis ensemble en 92, avec Pierron; il était devenu général! Je ne l'avais pas revu depuis des années, mais je le reconnus tout de suite à sa grande figure maigre.

« Hé! c'est toi! cria-t-il en voyant que je le reconnaissais; tu es donc aussi réchappé, mon pauvre vieux! »

Puis, étendant le bras vers le Rhin :

« Te rappelles-tu que nous avons passé ce pont, en l'an II de la République? »

A peine avait-il dit cela que, malgré le vent, la pluie, le roulement des fourgons, je crus entendre *la Marseillaise* s'élever jusqu'au ciel. Je revis nos volontaires s'avancer au pas de charge dans la fumée; j'entendis battre le tambour, et le vieux Pierron, à cheval au milieu de la colonne, crier, le sabre en l'air, en se retournant :

« En avant, garçons ! Vive la République ! »

Lendsbourg, Frœchwiller, Mayence, Dusseldorf, Rastadt, Néresheim, Diersheim, Heddersdorf, Zurich, Biberach, Hochstedt, Landshut, Feldkirch, Hohenlinden : toutes ces glorieuses victoires de la liberté, me passèrent devant les yeux comme un éclair. Mon sang ne fit qu'un tour ; je me crus redevenu jeune, et levant l'épée d'un geste enthousiaste, j'allais crier : « Si je m'en souviens, général ! » Mais Bonnet était déjà loin, la foule l'entraînait. Je l'aperçus au milieu de la masse, sur le pont, la main toujours sur son grand tricorne, et les reins pliés ; il s'éloignait comme porté par les autres, et se perdit bientôt dans la nuit, au-dessus des vieux plumets, des casques, des kolbachs, des shakos, qui s'écoulaient lentement vers la rive gauche.

Alors, regardant défiler devant moi, sous la pluie grise et froide, cette cohue déguenillée, minable, usée par les fatigues, par les privations, par la maladie, cavaliers, artilleurs, fantassins, pêle-mêle comme un troupeau, je me sentis brisé !

Et songeant que l'ennemi nous suivait ; songeant que, pour donner des trônes aux Bonaparte, nous avions dépensé tout le sang de la

France, et qu'il n'en restait plus maintenant pour la défendre! songeant que toutes nos victoires allaient aboutir à l'invasion de la patrie, j'enviai le sort des camarades tombés devant Leipzig.

Il était près de minuit quand on releva notre détachement. Nous étions trempés jusqu'aux os. On nous fit traverser la ville, après nous avoir distribué du pain, et nous reçûmes l'ordre de marcher sur Hiezeim, village à une lieue de l'autre côté de Mayence.

Nos hommes n'en pouvaient plus; nous n'arrivâmes dans ce village qu'à trois heures du matin.

C'est là que nous pûmes nous reposer un peu des fatigues de la campagne. Depuis six semaines je ne m'étais pas couché dans un lit; figure-toi l'état de l'équipement!

Malgré cela, nous commencions à nous refaire, et la gaieté nous était revenue avec les distributions, lorsque, dans la nuit du 31 décembre 1813 au 1er janvier 1814, les alliés passèrent sur la rive gauche. Tout était fini... La France était envahie de Bâle à Dusseldorf!

Je ne te raconterai pas le reste; quand j'y pense mon cœur se déchire : — il fallut reculer chez nous, — sur notre terre — devant un ennemi dix fois supérieur en nombre; il fallut quitter, sans même les défendre, ces belles provinces du Rhin que la République avait conquises, et que l'Empire a perdues !

FIN DU CAPITAINE ROCHART.

Paris — Imprimerie L. Poupart-Davyl, rue du Bac, 30.

www.ingramcontent.com/pod-product-compliance
Ingram Content Group UK Ltd.
Pitfield, Milton Keynes, MK11 3LW, UK
UKHW031832260826
14628UKWH00001B/341

9 782013 281720